安倍晋三・昭恵
35年の春夏秋冬

大下英治

飛鳥新社

はじめに

令和四（二〇二二）年七月十一日、安倍総理の通夜、十二日告別式が、いずれも港区芝にある増上寺《ぞうじょうじ》で行われた。

通夜には岸田総理や菅前総理、自民党副総裁の麻生太郎、立憲民主党代表の泉健太、国民民主党代表の玉木雄一郎、日本銀行総裁（当時）の黒田東彦《はるひこ》、トヨタ自動車社長（当時）の豊田章男、楽天グループの三木谷浩史《みきたにひろし》会長兼社長、フジサンケイグループの日枝久《ひえだひさし》代表、国会議員や、米財務長官のジャネット・イエレン、駐日米大使のラーム・エマニュエル、台湾の頼清徳《らいせいとく》副総統など各国の大使、親交があった経済人や文化人ら、約二千五百人が焼香に訪れた。

十二日の葬儀と告別式では、麻生太郎が「友人代表」として弔辞《ちょうじ》を述べた。そして喪主の昭恵が遺族を代表して、紙を読むことなく挨拶した。

挨拶では、まず事件当日を振り返った。

「あまりに突然のことで、まだ夢のなかにいるようです。あの日は、朝八時にご飯を一緒に食べてお見送りをした。そうしたら、十一時半過ぎに撃たれたと連絡がありました。母の洋子さんにはいわないでといわれたのですが、〝えっ〟と声を上げてしまいました。平静を装っていましたが、テレビが流れ始めてしまって。

　事件後に病院に駆けつけて、主人と対面したとき、手を握ったら、握り返してくれたような気がしました」

　その時、昭恵は必死に晋ちゃん、晋ちゃんと呼びかけていた。

　次に昭恵は、結婚してからの二人の人生を振り返った。

「主人のおかげで、いろいろなことを経験できました。すごく感謝しています。いつも自分をかばって助けてくれた。主人は家では優しい人で、人を喜ばせるのが本当に好きな人、人のためにするのが好きな人なので、こんなにたくさんの人が葬儀に参列してくれたことを喜んでいることでしょう。安倍晋三を支えてくれて、本当にありがとうございました」

　そして幕末の長州藩の思想家・吉田松陰《しょういん》が生前、獄中で記した遺書『留魂録《りゅうこんろく》』の一節を引用して、以下のように語った。

「十歳には十歳の春夏秋冬があり、二十歳には二十歳の春夏秋冬、五十歳には五十歳の春夏秋冬があります。父・晋太郎さんは、総理目前に倒れましたが、六十七歳の春夏秋冬があったと思う。主人も、政治家としてやり残したことはたくさんあったと思うが、本人なりの春夏秋冬を過ごして、最後、冬を迎えました。種をいっぱい蒔《ま》いているので、それが芽吹くことでしょう」

　そして昭恵は棺《ひつぎ》に花を手向《たむ》けると、夫に頬ずりし、別れを惜しんだ。

葬儀後、安倍の棺を載せた霊柩車《れいきゅうしゃ》が自民党本部や議員会館、安倍が長年主となった総理官邸、国会議事堂を回った。岸田総理や自民党幹部をはじめとする国会議員や官邸職員など多くの関係者のほか、沿道には多数の一般市民が見送りに立った。

安倍はまだ六十七歳だった。力を持つ長老たちに比べると、一回りも若かった。党内の最大派閥・安倍派を率いる安倍の時代が、この先十数年は続くはずだった。憲法改正や拉致《らち》被害者の奪還などの課題を残したまま、安倍は逝ってしまった。

ただ、昭恵が葬儀で語ったように、確かに安倍の人生には春夏秋冬があった。安倍は政治家として、総理大臣として、男として、そして日本人として、どう生き、どう悩み、どんな功績を残したのか……。本書では安倍晋三、昭恵夫妻の三十五年間の春夏秋冬を振り返っていきたい。

安倍晋三・昭恵　35年の春夏秋冬◎目次

第3章 安倍晋三と拉致問題

第6章 世界が認めた大宰相——179

1957年7月7日、訪米を終えて静養中、神奈川県箱根宮ノ下の奈良屋の庭園で家族とくつろぐ岸信介。右から安倍晋太郎、長男の寛信、洋子夫人、岸夫人の良子、左端が晋三

第1章

晋太郎の後を継ぐのは晋三

晋三はお祖父ちゃん子

安倍晋三は、昭和二十九(一九五四)年九月二十一日、安倍晋太郎・洋子の次男として生まれた。

晋太郎は、次男なのに「晋三」と、あたかも三男のようなイメージを与えかねない名前をつけた。この点について晋太郎は「字画や、字の座りを考えると、〝晋二〟よりも〝晋三〟のほうがいい」と洋子に説明したという。

晋三の「晋」の字は、父親の晋太郎の「晋」である。晋太郎は、幕末の志士・高杉晋作を敬愛していた。晋三にも「高杉晋作の魂を受け継いでほしい」との願いを込めて、「晋」の字を使ったのだ。ちなみに、晋三より二歳年上の長男、寛信《ひろのぶ》の名は、晋太郎の父で、政治家だった安倍寛《かん》の「寛」と、洋子の父である岸信介の「信」から取った。

晋三が二歳になったばかりの昭和三十一(一九五六)年十二月、祖父の岸信介は、二十三日に発足した石橋湛山《たんざん》内閣の外務大臣に就任した。

洋子は、四歳の寛信と二歳の晋三を連れて、東京都港区白金台《しろかねだい》にあった外務大臣公邸(現・東京都庭園美術館)に頻繁に出かけた。

還暦を迎えたばかりの岸は、目を細め、二人の孫とじゃれ合っていた。そのときの様子が八ミリビデオに収められ、NHKに保存されている。

昭和三十二（一九五七）年二月二十五日、岸は脳梗塞《のうこうそく》で倒れた石橋湛山内閣の後を継いで総理大臣に就任する。

翌年だったか、正月。岸の家で洋子は、母であり岸の妻の良子《よしこ》、洋子の兄嫁の仲子、岸の仕事を手伝っていた久保ウメと麻雀《マージャン》をしていた。そばで、寛信と晋三が遊んでいた。そんな二人の面倒を見ていたのは、総理の岸だったという。孫のために、火鉢の上で餅を焼く〝孫煩悩《まごぼんのう》〟な岸だった。

寛信と晋三は幼いころに、しばしば渋谷区南平台《なんぺいだい》にあった岸の家に遊びに行った。良子は、しつけに厳しい。対照的に、岸は孫に甘く、優しいお祖父《じい》ちゃんであった。晋三は岸の家に泊まるときは、兄の寛信と一緒に岸の布団にもぐり込んだ。

「座談の名手」といわれた岸は、実に話上手だった。昔話も得意で「浦島太郎」や「桃太郎」を寛信と晋三に聞かせたという。寛信と晋三のお気に入りは、寺の小僧の昔話「フウフウとカンカン」だった。

晋三が、祖父にせがむ。

「ねえ、お祖父ちゃん、『フウフウとカンカン』の話をしてよ」

すると岸は、すぐに話し始める。

「寺の和尚《おしょう》さんは、毎晩、大好物の餅を焼いて食べていた。だけど、決して二人の小僧にはやらなかったんだ。そこで小僧さんたちは智恵を絞って、和尚さんにこう言ったんだよ。

〝私の名前を、フウフウとしてください〟

〝私の名前を、カンカンとしてください〟

その晩、和尚は、いつものように七輪でこっそりと餅を焼いていた。焼き立てで熱い餅を冷ますため、〝フウフウ〟と息を吹きかけた。和尚から〝フウフウ〟と名乗ることを許された小僧さんは、そのタイミングを逃さず、和尚さんの部屋の襖《ふすま》を開けたんだ。

〝お呼びですか〟

突然のことで餅を隠すことのできなかった和尚さんは、仕方なく〝フウフウ〟にも餅を分けてくれた。

和尚さんは、餅を食べるとき、お茶を飲むため囲炉裏《いろり》でお湯を沸かしていた。しばらくすると沸騰したお湯が鉄瓶《てつびん》の蓋《ふた》を勢いよく〝カンカン〟と撥《は》ね上げる。

〝カンカン〟と名乗ることを許されたもう一人の小僧さんが、すぐに和尚の部屋に顔を出した。

〝お呼びですか〟

こうして二人の小僧さんは、餅を食べられたとさ……」

晋三は、うまそうに餅を頬張る二人の小僧さんの姿を思い浮かべながら、いつの間にか眠りについた。

寛信と晋三は、寝物語に岸から吉田松陰《しょういん》や高杉晋作ら長州の偉人の話も聞かされた。

「松陰先生は、立派な人だった。勉強中に蚊が腕を刺しても、それを叩き潰《つぶ》すというのは、公の時間を私事に費やすということだからという理由で、そのままにして勉強をした人なんだよ」

晋三は、素朴に思った。

「そんなこと、本当にできるのかな……」

ただ、吉田松陰や高杉晋作が立派な人物だったということだけは、子供心に何となく理解できた。そのためか、晋三は、政治家になってから「政治の転換期において自分の血が騒ぐのは、長州人の気質なのかな」と思うことがあったという。

アンポって、何?

昭和三十五（一九六〇）年一月、岸総理は、アメリカ政府と新安保条約、新行政協定（地位協定）、さらに事前協議に関する交換公文などをワシントンで調印した。岸は、不平等だった安保条約を改正することが、日本の国益に適《かな》うと考えていたからである。

だが、日本社会党をはじめとする野党勢力は、安保改定によって日本の対米従属が恒久化するとして、国会内外で反対闘争を巻き起こした。

岸の家族にとっても心の休まる間がない緊張の日々が続いた。洋子は、夫の晋太郎が昭和三十三（一九五八）年五月の衆院選で初当選して以来、住んでいた世田谷区代沢《だいざわ》の家から、二日と空けず、寛信と晋三を連れて南平台の岸の家に出かけた。

岸の家の周囲は、連日デモ隊に取り囲まれており、洋子らはしばしば数日泊まり込むこともあった。

デモ隊は大声でシュプレヒコールを繰り返すだけでなく、石や板切れ、ゴミなどを門のなかに投げ込んだ。新聞紙に石ころを包み、それをねじって火をつけて放り込んでくることもあった。しかし岸の家は、鰻《うなぎ》の寝床《ねどこ》よろしく細長い敷地で、建物は奥まった部分にあったので、さすがに窓が破られたり、家のなかに物が飛んでくることはなかった。

だが一つ問題があった。門の外からだと、両隣の家も含めて一軒の大きな屋敷に見えたこともあり、デモ隊は誤って隣家にも投石することがあったのだ。隣家の住民はよほど困ったらしく、「ここは岸邸ではありません」と、塀の外に看板を吊り下げたという。

まだ小学校にも上がらない幼い晋三は、テレビで見た安保反対闘争のデモをお祭りと同じように感じたのか、シュプレヒコールを真似して「アンポ、ハンターイ！　アンポ、ハンターイ！」と叫んだ。

「晋三、『アンポ、サンセーイ！』と言いなさい」と洋子は叱った。

岸は、ただ愉快そうにその光景を笑って見ていた。

あるとき、晋三は岸に訊いた。

「アンポって、何？」

岸は、ニコニコしながら優しく教えた。

「日本がアメリカに守ってもらうための条約なのだよ。なんでみんな反対するのか、分からないね」

その後も反対闘争は激化し、岸の家には「孫たちの安全は保証しない」と書かれた脅迫状まがいの文書まで届くようになる。そのため寛信と晋三が学校へ通うときは、送り迎えの人間が必ずついた。晋三は、幼いときから暗殺の危険に晒《さら》されていたのだ。

小学二年生だった寛信は、幼いながらも、祖父が世間から反発を受けていることを感じ取り、それがなぜなのかも、うっすらと理解していた。

ある日、いつものようにデモ隊がやってきた。

外の騒ぎは、幼い兄弟の耳にも届く。寛信は、鼻息も荒く言った。

「悪いやつが、いっぱい来たぞ。おい、晋三、えっちゃんの家へ行くぞ！」

「えっちゃんの家」とは、岸家と道路を挟んだ反対側の家。あるメーカーの社長宅で、寛信より一つ年上のえっちゃんとは遊び友達だった。

「晋三、武器を忘れるなよ！」

「うん！」

寛信と晋三は、プラスチックの水鉄砲を握り締め、岸邸の裏門から出た。デモ隊を掻《か》き分け、えっちゃんの家に裏門から入る。

寛信は、えっちゃんの家の一階の風呂場の窓から外を見た。道路にデモ隊が大勢いるのがよく見渡せた。みんな寛信たちに背を向け、岸家のほうを睨《にら》みつけている。

「よし。やつらを、やっつけてやる！」

寛信と晋三は、狙いを定め、水鉄砲を発射した。水が勢いよく飛び出て、デモ隊の背中や首筋に当たった。

「やった！　当たったぞ！」

が、デモ隊は抗議に夢中になっており、水をひっかけられたことに気づく人は、ほとんどいない。

「もっと、撃ってやれ！」

寛信と晋三は、幼いなりに本気になって、祖父を守るため、デモ隊と戦おうとしたのだった。

良子や洋子は、寛信と晋三にいつも言い聞かせていた。

「デモ隊は、よくない人たちの集まりです。あなたたちのお祖父さんは、いつも日本のことを考えていらっしゃるのですよ」

二人は、お祖父ちゃんが日本のために働いていることを心から信じた。寛信は幼いながらも、「共産主義者」は泥棒のような悪党であるとさえ思っていたという。

兄は繊細、晋三は頑固

昭和三十二年、山口県立深川《ふかわ》女学校（現・県立大津高校）を卒業して上京し、証券会社で事務員をしていた久保ウメは、やがて岸の仕事の手伝いをするようになった。ウメの女学校時代の同級生で、岸の長男・信和《のぶかず》の妻となった仲子に誘われたのがきっかけだった。

岸の家の隣に、岸の秘書官を務める晋太郎と洋子が六本木から移り住んできた。ウメは、晋太郎の家で寝起きし、岸の家で仕事をしていた。

昭和三十三年の衆院選が近づき、選挙活動に入った晋太郎は、ほとんど家に帰れなくなった。洋子もまた、夫の選挙の手伝いに追われ、子供たちのことは、ウメに任せるしかなかった。寛信も晋三も、肉親に甘えられない寂しさを味わいながら、幼い日々を過ごすことになる。晋太郎は同年四月に行われた衆院選に山口一区から初出馬。二位で当選を果たしている。

寛信が五歳、晋三が三歳のときである。珍しく家にいた晋太郎は、「寛信、謝れ！」といきなり寛信に雷を落とした。

晋太郎は、自分の物がなくなっていたことを、ついいたずら盛りの子供のせいだと思い込んだのである。寛信は、ほとんど家にいない父親が、突然怒り出したショックで言葉も出ずに、半泣き状態のまま固まってしまった。

晋太郎は、矛先《ほこさき》を晋三に向けた。

「晋三、お前か！」

すると晋三は、無言のままプッとふくれ、父親を睨み据《す》えた。晋三には、まったく身に覚えのないことだったからである。

親子の睨み合いは、そのまま一時間も続いた。

とうとう、根負けした晋太郎が唸《うな》った。

「お前は、しぶとい」

兄の寛信は、繊細で優しいところがあり、無闇《むやみ》に人と争うことを嫌う。たとえ自分の与《あずか》り知らぬことで責められても、身内同士の些細《ささい》なことである。自分の「ごめんなさい」の一言で事が収まるのなら、自分が堪《こら》えようとする。ところが晋三は、自分が悪いと思ったときには謝るが、そうでない場合には、絶対に折れたりしない。その頑固さは、大人も舌を巻くほどであった。

また、晋三は滅多なことでは泣かなかった。

昭和三十二年六月十六日、岸総理はドワイト・D・アイゼンハワー大統領と日米首脳会談を行うため訪米した。晋太郎は岸に随行し、寛信と晋三はウメに連れられ羽田空港まで見送りに行った。

初めて羽田空港に来た三歳の晋三に、ウメはいった。

「手を、放しなさんなよ」

晋三は、ウメの着物の袖《そで》をしっかりと握りしめ、ターミナル内を歩いていた。

見るものすべてが珍しく、好奇心に駆られた晋三は、ついウメの袖から手を放し、興味を持った方向へと歩き出した。

しばらくすると、空港の係員によるアナウンスが流れてきた。

「三歳くらいの男のお子さんが、迷子になっています。心当たりの方は、いらっしゃいませんか」

ウメは、「初めての場所で迷子になって、不安で泣いているに違いない」と考えながら、慌てて係員のもとへ走った。

ところが、しばらくして保護された晋三は、涙一つこぼさず、神妙な顔をしてウメの顔をジッと見詰めた。ウメにきつく「手を放してはいけない」と言われていたのに、自ら袖を放してしまい、迷子になってしまった。晋三にとっては、迷子になった不安よりも、失態を恥じる思いのほうが強かったようだ。

ウメは、「この年ごろの子供が、迷子になって泣かないなんて……」と妙に感心してしまった。

こうした晋三の芯の強さは、天性のものらしい。幼いころから、その性格が随所で見受けられる。

弟・信夫が岸家の養子に

昭和三十三年に安倍晋太郎が政界入りしてまもなく、洋子が第三子を身籠《みごも》った。

岸は、気が気ではなかった。宇部興産に勤めるサラリーマンだった長男・信和夫婦には、子供ができなかった。このままでは後継ぎどころか、岸家が途絶えてしまう。

岸は、家のなかでウメのあとをくっついて歩いては、こう訊ねた。

「三番目が男の子だったら、晋太郎と洋子は、わしが引き取ってもいいと言いますかね」

ウメは「さあ……」と答えるしかなかった。すると岸は「もし、次が女の子だったら、くれんというかね」とさらに訊ねる。ウメはこれに対しても「さあ……」と答えるしかない。それからも岸は時々、「男の子が、生まれんかなあ。次も、男の子がいい……」と呟《つぶや》いていた。

ウメは苦笑するしかなかった。洋子から、「また産みますから」とやんわり断られたら、男だろうが女だろうが、それまでの話だからである。

洋子が出産を間近に控えて入院したとき、ウメは岸の世話をすることになった。岸は、夜が更《ふ》けても床《とこ》に就《つ》かずに、孫の誕生を待ち侘《わ》びていた。

そして昭和三四(一九五九)年四月一日、三男の信夫が生まれ、岸の悲願が叶って、三男の信夫は、岸家の養子となった。

晋三は、生まれたばかりの信夫にこう囁《ささや》いたという。

「少し大きくなったら、ぼくが〝実はお前は、ぼくの弟だった〟ということを、話して聞かせるから」

だが、信夫が大きくなっても、周りの大人は、信夫が安倍家から養子に入り、従兄弟《いとこ》と教えられていた晋三らの弟であることを明かさなかった。何も知らない信夫は、実母である洋子のことを、「おばちゃま」と呼んでいた。

ところが、あるとき親戚の集まりで、親戚の一人が信夫を見てつい漏《も》らした。

「信夫、そんなに背が高くなって。やっぱりお父さん似なのね」

それを聞いた洋子は、背筋《せすじ》が凍ったという。夫（晋太郎）は背が高かったが、岸信和はそれほど高くなかった。信夫も、一瞬、何を言っているのかと不審な表情を浮かべた。

その親戚は、洋子らが遠くに養子に出したわけではないので、当然のことながら、信夫も自分が養子であることを知っていると思っていたのだ。その場はうまく取り繕《つくろ》ったものの、洋子は「こんなことなら、本当のことを教えておいたほうがいいのではないかしら」と、内心は穏やかではなかった。

それは誰もが同じ気持ちだった。だが、誰が信夫に伝えるのか。話し合った末、結局改まっては話しにくいということになった。

信夫が晋三が兄であることを知るのは、大学進学に際し、戸籍謄本《とうほん》を取り寄せたときであった。

父が晋三の前で涙を流したワケ

昭和三十八（一九六三）年十一月、晋太郎にとって三度目の衆議院選挙が行われた。

二度の選挙を妻として無事に務め上げていた洋子は安心していたが、ほかの議員は洋子に助言してくる。

「三度目ぐらいが一番危ないのだから、気をつけなくちゃダメですよ」

洋子も、その言葉をそのまま後援会のメンバーに伝え、気を引き締めるよう言い渡した。

しかしそう言いながらも、洋子自身、最も難関といわれる二度目の選挙をくぐり抜けてきたことで、「夫が落ちるなんて、あり得ない」と、どこか安心していた。新聞の下馬評でも「安倍晋太郎有利」「トップ当選」と書かれていた。この時の選挙では、岸は晋太郎の応援には出向かなかった。岸もまた安心しきっていたのである。

しかし選挙カーで演説をしている晋太郎は、首を傾《かし》げていた。

「どうも、いままでと反応が違うんだよな……」

晋太郎への票は、「義父の岸が元総理大臣だから」という票も多かった。晋太郎自身を心から応援する有権者の票ばかりではなかったのだ。その意味では、移ろいやすい票だったといえるだろう。

十一月二十一日、投開票。

洋子はその日、急用ができ、東京の自宅に戻っていた。選挙の結果が出ると、洋子は自宅から下関《しものせき》の夫に電話を入れた。

電話口に、晋太郎が出た。洋子は一呼吸おいた。

「あなた……」

五万八千二十一票で次点に泣いた晋太郎は、精気がない。

「ダメだったよ。三度目は、何となく暖簾《のれん》に腕押しだったなあ……」

家に帰ってきた岸は、「まあ、政治家なんだ。いろいろあるよ……」と洋子を慰《なぐさ》めた。

翌二十二日、洋子はただただ落ち込んで、何もする気になれず、一日中テレビを観ていた。

画面に、ニュース速報が流れた。

「アメリカのジョン・F・ケネディ大統領が暗殺されました」

洋子はハッとした。と同時に、胸につかえていたものが、吹っ切れたような気がした。

「夫は選挙に落ちただけなんだ。まだ死んだわけじゃないんだ！」

選挙には落ちたが、次がある。そう考え、洋子は立ち直った。

ただ、晋太郎はすぐには気持ちを切り替えることができなかった。

落選して地元・山口から世田谷区代沢の自宅に帰ってきた晋太郎は、晋三の目にも疲れきっているのが分かった。息子たちの前で初めて涙を流した。晋太郎が涙を流せる場所は、この家のなか以外、どこにもなかった。

十一歳の寛信は、父の打ちひしがれた姿を見るのがつらくて、父のいる部屋からスッと出ていった。だが、九歳の晋三は、父が男泣きに泣く姿を、黙って見守り続けた。

晋太郎は、一～二カ月間、ずっと家に籠もりきりで、昼間だというのに、寝室から一歩も出ない。布団を頭から被《かぶ》っていることもあった。また、時折電話口で、「俺は、国会議員の会合には、絶対に出たくないんだ！」などと、相手に強い調子でいっていることもあった。

この当時、運転手を務めていた秘書によると、国政に復帰するまでの三年三カ月間、晋太郎は国会議事堂の見える所には絶対に車を走らせなかった。

晋太郎が浪人中のある夜、南平台にある岸邸に親族が集まり、晋三もその席にいた。

いつもは優しい岸が、険しい表情で床の間を背に上座《かみざ》に座っている。ピリピリとした雰囲気のなか、晋太郎はいきなり畳に手をつき、頭を下げた。

「とにかく、もう一回、どうしてもやらせてください！」

この日の親族の集まりは、晋太郎がもう一度、総選挙に出ることを了解してもらうための、いわば儀式であった。

岸が、親族を代表するかたちで口を開いた。

「それじゃ、とにかく応援するから」

晋太郎は、のちに落選したことについて、晋三に「自分を政治家として一人前にした」と述懐している。

むろん、その側面はあっただろう。が、同期当選組の竹下登に三年三カ月間、国政活動において後《おく》れを取った。このことが、のちの「中曽根裁定」（詳細は52ページ）で自民党総裁を決める際に、大きな影響を及ぼしたことは間違いない。

洋子は、この落選は晋太郎にはいい薬になったと思っているものの、浪人中の晋太郎は、ますます晋三らと過ごす時間がなくなった。月の半分以上は地元・山口に戻って、選挙区の隅から隅まで訴えて歩いていたからである。

安倍家はのびのび教育

岸も晋太郎も、寛信や晋三を政治家にするための詰め込み教育を施《ほどこ》すこともなく、自由にのびのびと育てていた。

晋太郎と洋子は、小学校の入学時に子供の進路について最も悩んだが、「とりあえず、エスカレーター式の成蹊《せいけい》学園へ入学させておくのが一番いいのではないか。寛信たちがもう少し大きくなったら、自分の意思で、別の学校に行くこともできるのだから」という結論に至った。

当時、洋子の親戚の一人が成蹊学園で教員をしており、その親戚から、成蹊学園の話を聞いていたこともある。さらに、洋子らがかつては吉祥寺《きちじょうじ》に住んでいて、成蹊学園にあるけやき並木を歩いたこともあった。成蹊学園は、精神的にも環境的にも身近に感じられ、知識を詰め込むよりも人間教育を尊重する教育方針にも賛同できた。

当時の成蹊小学校は、小学校としては最もレベルが高い学校だった。成蹊学園に対する世間的な評価は、小学校がAクラス、中学校がBクラス、高校がCクラス、大学はBクラスだったという。

昭和三十三年四月、寛信は東京武蔵野《むさしの》市吉祥寺北町にある成蹊小学校へ入学した。

ウメは、五月の選挙戦を控え走り回っている晋太郎に「長男が初めて学校へ行くんだから、入学式だけは、出席してやってください。みんな、親子で記念写真を撮るんですから」と頼んだ。選挙活動に忙殺されていた晋太郎も、これには心を動かされたらしい。だが、やはり晋太郎は足を運ぶことができず、洋子のみが入学式に出席した。

昭和三十六（一九六一）年四月、晋三も同じ成蹊小学校に入学する。

家庭教師の平沢勝栄

昭和三十九（一九六四）年四月、東京大学教養学部に入学した平沢勝栄《かつえい》（現・衆議院議員）は、アルバイト先を見つけるため大学の就職課に立ち寄った。

掲示板には様々な職種の求人の貼り紙が貼られていた。平沢は、そのなかの一枚の貼り紙に目を止めた。

「家庭教師募集、週三回食事付き九千円」

この当時、東大生の家庭教師代は、週一回で三千円、週二回で六千円が相場で、九千円は特別に好条件というわけでもないが、所在地が代沢で、教養学部のある目黒区の駒場キャンパスに近く、通うのも楽だ。

平沢はすぐに応募し、早速その家を訪問した。家の主は、政治家の安倍晋太郎であった。が、晋太郎は、このときは浪人の身。捲土重来《けんどちょうらい》を期し、洋子とともに選挙区の山口一区で活動していることが多く、夫婦揃ってほとんど家にはいないという。

平沢が勉強を教えるのは、小学六年生の寛信、小学四年生の晋三の二人であった。

「よろしくお願いしますよ。私らは家を空けることが多いので、勉強だけでなく、一緒に遊んでやってください」

こうして、平沢は、約二年間、安倍家で家庭教師を務めることになる。

平沢の目には、長男の寛信は、おっとりとしており、次男の晋三は素直で従順だが、自分のいったことを曲げない芯の強さがあったという。好奇心も旺盛《おうせい》で、次から次へと矢継ぎ早に質問をぶつけてくる。それに、理解できなければ納得しない。

時には「先生、アインシュタインの相対性原理って何ですか?」などと訊いてくるので、返答するに窮することもあった。

平沢は、二人を東大駒場キャンパスで開かれる学園祭「駒場祭」に連れていったことがある。

この当時、ベトナム戦争に反対する市民運動が「ベトナムに平和を！　市民連合」(ベ平連)の組織化によって日本国内に広まっていた。世論は、反ベトナム戦争一色で、「反ベトナム」「反佐藤」の立て看板が至る所に置かれ、大学構内には佐藤栄作総理を糾弾するアジ演説を行う者がいた。

佐藤は、岸の実弟であり晋三の大叔父《おおおじ》だ。子供心に、大叔父が批判される光景を、複雑な心境で見ていたに違いないと平沢は思った。

晋三は、平沢に訊いてきた。

「どうしてベトナム戦争に、こんなにも反対が多いの？」

平沢は「普通の人なら見逃すような細かいことにも、関心を持つんだな」と感じたという。

晋太郎と洋子から「遊び相手になってほしい」と頼まれた平沢は、時間があると兄弟を相手にキャッチボールをしたり、映画を観に連れて行ったりした。夏休みには、都会の喧騒《けんそう》を離れ、平沢の生まれ故郷である岐阜に連れて行き、伯母《おば》の家で寝泊まりをともにしたこともある。

寛信も晋三も、勉強はできるほうだったから、がむしゃらに勉強すれば、東京大学に進むのも不可能ではない。しかし平沢は、無理して東京大学に進む必要はないと思っていた。二人が小学校から大学まで通うことになる成蹊学園は、勉強だけを詰め込ませる校風ではない。読書を勧めたり、野外活動を経験させたり、ゆとりを持って人間形成に必要な知識を教えている。それゆえ、平沢は二人に無理して勉強を教えることもなかったし、「お父さんと同じ東大を目指せ」とも口にしなかった。

晋三は、闇雲に受験勉強に追われることがなかったので、幅広くいろいろな経験をし、青春を謳歌《おうか》することができた。そのことが、のちの政治家・安倍晋三の土壌になったと平沢は考えている。

教師と繰り広げた歴史論争

昭和四十五（一九七〇）年四月、晋三は成蹊高校に進学した。

当時の晋三は、何かのきっかけで議論をすることになれば、一歩も退《ひ》くことはなかった。相手に対して自分の主張を展開する晋三は、多少早口になるきらいはあるものの、理路整然《りろせいぜん》として、軸がぶれることがない。それゆえに説得力があった。

同級生の谷井洋二郎は、高校時代の選択授業で行った議論での晋三の姿をいまだに覚えている。

その授業で、先生が日米新安保条約について触れ、「七〇年を機に、安保条約は廃棄すべきです」と述べた。クラスメイトは皆、先生の意見に賛同しているようであった。

しかし、晋三だけは先生に嚙みついた。安保条約について特別に詳しいというわけではなかったが、安保改定を実現させた岸信介の孫という立場上、一言ぐらいは文句を言わなければならないと思ったからだ。

「それはおかしいのではないですか。経済条項の二条は重要な意味を持っています。そのことも議論すべきです」

この当時、日米新安保条約は廃棄すべきだというのが社会の風潮だったが、条文までしっかり読んでいるかといえば、そうでない人のほうが多かった。安保闘争の闘士、全学連の委員長唐牛《かろうじ》健太郎も後に「安保条約の条文なんて読んだことがなかった」と告白している。

実は晋三自身も、条文を読み込んでいるわけではなかったが、日米新安保条約に最も詳しい岸から直接中身を聞かされていた。これ以上の生きた教材はなかった。

晋三の指摘した「日米安全保障条約」の第二条には、次のように書かれている。
〈締約国は、その自由な諸制度を強化することにより、これらの制度の基礎をなす原則の理解を促進することにより、並びに安定及び福祉の条件を助長することによつて、平和的かつ友好的な国際関係の一層の発展に貢献する。締約国は、その国際経済政策におけるくい違いを除くことに努め、また、両国の間の経済的協力を促進する〉

晋三に指摘され、先生の顔色が、さっと変わった。おそらく晋三は岸信介の孫だから、てっきりその第二条をも読んでいると思ったのであろう。変なことは言えないと思ったのか、先生は言葉を返すことができず、極めて不愉快な表情になって、話題を変えた。

晋三は「先生も、おそらく読んでいないのだな」と察し、「何だ、そんなものなのか」と思ったという。

それまでも、何となく安保改定に反対する者を胡散臭《うさんくさ》いと思っていたが、このときその思いが決定的になった。

晋三は政治家向きだった

昭和三十五年の安保騒動のとき、デモ隊に囲まれた岸の家にいた経験は、大人になっても、寛信や晋三の脳裏に鮮烈に焼きついていた。それゆえ、寛信は青年になっても、イデオロギーについて試行錯誤を繰り返すようなことはなかった。自分で正しく評価してみようと思う前に、共産主義に対するイメージが出来上がっていたのだ。

しかも、エスカレーター式の私立学校である成蹊学園は、いわゆる「お坊ちゃん学校」で、周囲にもイデオロギーを追求するタイプの人間は、ほとんど見当たらなかった。

高校になると、ちらほらとマルクス主義について語る同級生や先輩を見受けるようになったものの、寛信は「なんで、ああいう考え方になったのか。気の毒だなあ」と内心思っていた。相手も、寛信に真っ向から論争をしかけてくることはなかった。

寛信と晋三は、同じ環境で育ったせいか、思想的な面で共通する部分は多かったが、寛信よりも晋三のほうが、より強硬で保守的であり、ストレートにものを言っていた。平沢勝栄も、家庭教師をしながら同様のことを感じていた。

おっとりしている寛信は、敵を作らない全方位外交をやっているようなところがあった。一方の晋三は、自分の筋を通し、信念を曲げない。信念を貫けば、当然のことながら敵もできる。ある意味で、敵を作るのが政治家の仕事ともいえる。敵ができないような政治家は、ろくなものではない。それを厭《いと》わないかどうかで政治家の価値が決まる。

だから平沢は、幼い兄弟を比較して、晋太郎の後を継ぐのは晋三のほうが向いていると思ったという。商売をするのなら全方位外交のタイプのほうがいいが、政治家には向かない。平沢はそう考えていた。

一方で、晋三は自分の意見を押しつけることはなかったそうだ。同級生の谷井洋二郎によると、晋三は仲間たちと議論をして、もしも意見が食い違っても、必ず合意点を見出《みいだ》そうとしていたという。

谷井によると、晋三の根本には優しさがあった。成蹊学園は共学といっても、女子生徒は全体の三分の一にすぎない。そこで谷井らは、成蹊学園では、「女性を大事にしなくてはいけない」「多数決で物事を決めてはならない」と教えられた。谷井は、政治家になった晋三にも、この教えは影響を与えていたはずだと思っている。

余談になるが、晋三の気の強さを象徴するエピソードが残っている。

晋三が小学四年生のときのこと。晋三は一人で家にいた。たまたま開いていた玄関から、浮浪者のような男がスッと入ってきた。そして玄関の洋服掛けにかかっていた晋太郎のコートに手を伸ばしたのである。

盗まれると気づいた晋三は、「あー！」と大声で叫んだ。

男は驚いて、コートを取らずに逃げていった。

その夜、晋三は昼間の武勇伝について晋太郎に自慢げに語った。晋三からすれば、てっきり褒めてもらえると思っていた。

ところが、晋太郎は意外な反応を示した。

「かわいそうに。コートぐらいいくらでもある。見て見ぬふりをすればよかったのに……」

まるで晋三が悪いことをしたように言うので、さすがに晋三もシュンとしてしまった。

晋三にとって、このエピソードはよほど忘れられなかったのだろう、のちに晋太郎の追悼集『安倍晋太郎　輝かしき政治生涯』（安倍晋太郎伝記編集委員会）で、以下のように綴《つづ》っている。

〈この様に非常識なまでの優しさが父にはあった。こうした優しさが政界では、あるいは弱点となったかもしれないが、この強さと優しさ抜きには父の存在は考えられない〉

晋太郎は子煩悩

高校に進学した晋三は、時には帰りが遅くなることもあった。晋太郎は、たまに早く帰宅した日に晋三の帰りが遅いと、洋子に「まだ帰ってないのは、お前がちゃんと言わないからだ」と小言を言う。晋太郎としては、たまには子供たちと一緒に過ごしたい気持ちもあったに違いない。

洋子は、そんな晋太郎の気持ちをよく理解していた。それでも、つい「私が怒っても聞かないから、たまにはあなたがきつく言ってください」と口答えしてしまうこともあった。

すると晋太郎は「そうだな」と頷《うなず》く。では、遅く帰ってきた晋三と顔を合わせたときに、厳しく注意するのかといえば、怒った顔一つ見せなかった。それどころか、改まって顔を合わせると照れてしまうのだ。晋三も、もともと多くを話さないので、父親との話はそれほどはずまなかった。

晋太郎が、やっと口を開いた。

「こづかいは、足りているか」

洋子の期待している言葉とはまったく別のことを言った。あとになって洋子が「あなた、話が全然違うじゃないですか」と抗議しても、晋太郎は話をはぐらかすだけだった。

晋太郎としては「寛信か晋三か、どちらかを政治家に……」と本音では思っていたかもしれない。だが、それぞれ向き、不向きがあるから、政治家になりなさいと押しつけるようなことはしなかったし、息子たちにことさらに政治の話をすることもなかった。

寛信は、中学、高校へと進学するに従い、自分は将来何になるべきなのかを、真剣に考えるようになっていった。

「自分も、父や祖父のように、政治家になるべきなのだろうか」

寛信は高校生になると、晋太郎の選挙運動の手伝いに駆り出されるようになった。ただし、表に出ることはなく、事務所でお茶を出したりする裏方である。

やがて、大学生になると、選挙カーに乗って街中を走り回り、父親のための応援演説をするようにもなった。が、寛信は、もともと大勢の人と会ったり、喋《しゃべ》ったりするのが苦手なタイプであった。人前で応援演説することが嫌で嫌で堪《たま》らなかった。

ぼくも、政治家になる

晋三は寛信とは違い、幼いころから「ぼくも、政治家になる」と漠然と思っていた。

子供のころは、誰もが自分の父親の職業に憧れるものだ。洋子の目にも、晋三は、父親が生業《なりわい》としている政治に関心を抱いているように映った。学校の教科でも、社会科がとても好きだったという。

晋三は筋が通らないことは嫌いで、幼いころから、自分の主張ははっきりと口にしたから、母としては冷や冷やすることもあった。しかし、そのことは政治家に向いていると洋子は思っていた。

晋三が政治家になることを最初に予言したのは、岸だった。

昭和四十五年から静岡県御殿場《ごてんば》市に転居していた岸は、世田谷区代沢にある晋太郎の家を訪れた帰りに、嬉しそうにこう語っていたという。

「〝ああ、おじいさま〟といって真っ先にやってくるのは、決まって晋三だ。きっと政治の世界に興味があるのだ」

久保ウメが、寛信に「寛ちゃんは、お父さんの後を継ぐの?」と訊いたことがある。しかし、寛信は質問には答えずに適当に煙《けむ》に巻いて逃げ出してしまう。

しかし晋三に聞くと、はっきりと答えた。

「うん。ぼくはやるよ。パパの後を継いで、ぼくはやるよ」

その話を聞きつけた岸は、ウメに何度もしつこく訊ねた。

「誰が後を継ぐと言いましたかね。晋三ですかね? 晋三が後を継ぐと言いましたかね」

岸としては、孫に直接「政治家になれ」とは言わなかったが、寛信か晋三のどちらかに政治家になってもらいたいという気持ちは、悲願といってもよかった。

ウメは、岸に「ご自分で訊いてごらんになったらよろしいのに」と言ってやりたかったが、孫に直接訊くことのできない岸の心中を察して、口に出すことはできなかった。

岸はこのころすでに、孫たちの気質を見抜いていたのだろう、洋子に言ったことがある。

「お兄ちゃんのほうは、おそらく政治はやらんだろう。政治に向いているのは、晋三のほうだ」

政界入りは突然に

成蹊高校を卒業した晋三は、昭和四十八（一九七三）年四月、成蹊大学法学部政治学科に進んだ。四年後に成蹊大学を卒業。昭和五十三（一九七八）年一月から一年間、南カリフォルニア大学に留学した。

帰国後は神戸製鋼所に入社。ニューヨーク事務所、加古川《かこがわ》製鉄所、東京本社で勤務した。

昭和五十七（一九八二）年十一月二十七日、晋太郎は、中曽根康弘内閣の外務大臣に就任した。

翌朝早く、晋太郎の秘書の奥田斉《ひとし》は、晋太郎の自宅に電話を入れる。

「晋三さんを神戸製鋼所から呼び戻して、秘書官にしてください」

晋三は物心がついたころから政治家を目指し、安倍家でもこのころは晋三を後継者にするこあった。

とを決めていた。それならば、安倍事務所のほかの秘書よりも、晋三を政務秘書官にしたほうがいい。生きた政治を学ぶには、大臣の秘書官はうってつけだ。晋三の将来を思っての判断であった。

晋太郎もそう思っていたのであろう。すぐに出社前の晋三に電話をした。

「俺の秘書官になれ」

晋太郎は、一見おっとりとして見えるが、とてもせっかちなのだ。

晋三にとっては寝耳に水である。晋三は、神戸製鋼所で充実した日々を送っていた。仕事が面白く、しばらくはこの世界にいよう……と思い始めていた矢先のことである。

「いつからですか」

すると晋太郎は、「明日からだ」という。

ちょうどそばにいた寛信は、驚いた声を上げ、「そんなこと言ったって、うちの会社なら、女性社員でも辞めるのに一カ月はかかるよ。ぼくたちの立場なら、三カ月はかかる」と指摘した。寛信は、昭和五十（一九七五）年に三菱商事に入社していた。

「そんなことを急に言われても、ぼくにも会社があります。年間百億円くらいの商売はしているんですよ」

晋三が反論しても、晋太郎は聞かない。

「俺が秘書官になったときは、辞めると決めたら、一日で新聞社を辞めたぞ」

晋太郎としては、秘書官となれば後々必ず晋三のためにもなると思っていたに違いない。外務省との関係もあるので、すぐに来いと迫ったのである。

一歩も引こうとしなかった晋三だったが、結局、八日後の十二月六日、外務大臣秘書官となった。つまり、父親と同じく、政界入りを目指す姿勢を明らかにしたということでもあった。

晋太郎は、晋三を外務大臣秘書官に据えるや、晋太郎を総理にするために財界人によって結成された「総晋会」の会合に連れていった。晋太郎は実に嬉しそうな表情で、ウシオ電機会長の牛尾治朗らに晋三を紹介した。

「これ、俺の息子なんだ。今度、神戸製鋼を辞めて、俺の秘書官になったんだ」

この日以降、晋三は「総晋会」の会合に必ず顔を出した。牛尾が話をしてみると、しっかりとした自分の考えを持っている青年であったという。

牛尾は、「晋三くんは、やがて安倍(晋太郎)さんの後を継いで政治家になるのだろうなあ」、ぼんやりとそう思っていた。

1987年6月9日、東京の新高輪プリンスホテルで行われた晋三と昭恵の結婚披露宴

第2章

外務大臣秘書官・安倍晋三

晋太郎の親心

昭和五十七（一九八二）年十二月から外務大臣秘書官になった安倍晋三は、慣れない政界で慌ただしい日々を送っていた。

大学時代の同級生・秋保浩次は、仙台から上京する用事があるたびに、晋三に会いに行った。会うのはだいたい昼間である。東京・永田町の議員会館近くにあるキャピトル東急ホテル（現・ザ・キャピトルホテル 東急）の一階にあるレストラン「オリガミ」か、地下一階の「中国料理 星ヶ岡」で昼食をともにした。

秘書時代、晋三は秋保に漏《も》らしたことがあるという。

「うちの父親は、人がすごくいいから、騙されやすいんだよな」

晋太郎のもとには、陳情をはじめ、訳の分からない頼みごとが数え切れないほど舞い込んでくる。父親は、それをすべて請け負ってしまうというのだ。

「そういうのは、一人が得をするだけで、国家国民の役に立たないのになあ」

何でも請け負ってしまう父を見るのは寂しい反面、そんな父を敬愛して止まないという感じだった。

しかし、秋保の見るところ、そのような人のよさ、ある意味での懐《ふところ》の深さは、晋三にも十分に受け継がれている。

晋太郎は、晋三の将来のことを考えていた。東京でも山口県でも、責任ある立場にいる秘書の奥田斉らが行って折衝しなければいけないこともあるが、晋太郎は何回か奥田を呼んで、「奥田くん、すまんけど、今日は晋三をやってくれんか」と頼んだ。

そのたびに奥田は、「息子の将来を考えて、大事なところはちゃんと考えているんだな」と、晋太郎の親心を感じ、自分の代理に晋三を立てた。

晋太郎は、昭和五十七年十一月二十七日に外務大臣に就任。三年八カ月にわたって外務大臣を務めた。その間、外遊の数は三十九回にも上ったが、晋三は秘書官として、そのうち二十回も同行している。外交は、そのときどきに決断を迫られる。外交の場に同席して、各国の要人とのやりとりを見るのは、晋三にとって貴重な経験となった。

昭和六十一（一九八六）年七月二十二日の第三次中曽根内閣の成立とともに外務大臣を退いた晋太郎は、自民党三役の総務会長に就任。それと同時に、福田赳夫《たけお》に代わって清和会《せいわかい》（現・清和政策研究会）の会長となる。安倍派の誕生であった。

遅刻した昭恵に晋三は……

寛信《ひろのぶ》、晋三の兄弟には、見合いの話がいくつかあったものの、なかなか決まらなかった。

洋子が二人の見合いの話をしても、晋太郎は、「本人の気が進まないのなら、そんなに早くから結婚することはない」と呑気《のんき》に構えていた。

ところが、しばらくすると、「あの話はよかったな」「おまえが呑気だから」と、洋子のせいにした。挙句の果てには「早く結婚させろ」とまで言ったという。

晋太郎は、晋三に半ば本気で言っていた。

「初めから〝俺は将来、国会議員になる〟と言ったら嫁は来ない。晋三、お前が嫁をもらうときには、そんなことを言ったらダメだ。いいか、騙してもらえ。もらってしまえば、こっちのものだから」

昭和六十（一九六五）年九月初め、広告代理店の電通に勤めていた松崎昭恵は、自分の所属する新聞雑誌局の上司・梅原からこう言われた。

「うちによく来る山口新聞の濱岡博司さん、彼が、安倍晋三くんと知り合いでね。ほら、外務大臣の安倍晋太郎先生の息子さんだよ。彼はいま、お父さんの秘書をしておられてね」

しかし昭恵は「はあ……」と答えるだけだった。当時の昭恵は、政治にほとんど興味がなかった。「福田派のプリンス」と言われていた晋太郎のことも、一般常識としてその名前を知っているだけであった。

「浜岡さんが、私に〝安倍くんにはガールフレンドがいないみたいだから、誰か紹介してくれ〟と言ってきてね。どう、松崎さん、一度安倍くんに会ってみないかい？」

昭恵は森永製菓、松崎昭雄社長の長女である。名家のお嬢さんらしい品のよさと天真爛漫《てんしんらんまん》さを兼ね備えていた。梅原は、政界屈指の名門の子息である晋三に相応《ふさわ》しい女性として、昭恵に白羽《しらは》の矢を立てたのだった。

だが、昭恵はこのとき二十三歳。まだ結婚など考えたこともなかった。

「いえ、お見合いの話でしたら、ご遠慮いたします」

それでも梅原は安倍の写真を持ってきて、昭恵に見せた。昭恵は、その写真を見て「ハンサムだけど、何分にも歳が離れ過ぎているわ」と思ったという。二十三歳の昭恵にとって、三十歳の安倍晋三は、恋愛対象として見るには大人すぎた。

「安倍くんは、本当にいい青年だよ。だから、お見合いとか堅苦しいものじゃなくて、一度会って、食事くらいしてみてもいいと思うよ」

それからも何度か、梅原は昭恵を晋三との食事に誘った。

昭恵には、結婚を意識してつき合っている男性はいなかった。上司に何度も誘われたうえ、「食事だけでもいいから」と言われると、頑《かたく》なに断り続ける理由もない。あまり気が進まなかったものの、「それじゃあ、お食事だけ、ということでしたら」と承諾した。

こうして晋三と昭恵、紹介者である濱岡と梅原の四人で、晋三の友人が経営しているという原宿のレストランで会うことになった。昭恵はそのレストランを知らなかったので、梅原と電通のオフィスで合流し、一緒に出かけることになっていた。

ところが当日、約束の時間をだいぶ過ぎているというのに、新聞雑誌局で待ち続ける昭恵の前に梅原が現れないのだ。

オフィスの中を探して回った。すると、スタッフの一人が「梅原さんなら、だいぶ前にお帰りになりましたよ」と言う。

昭恵は戸惑ったが、当時携帯電話もなく、梅原に連絡を取る手段はない。約束のレストランの場所がどの辺りにあるのかは、梅原からあらかじめ聞いていたので、昭恵は慌てて出発した。

約束の時間から、四十～五十分も過ぎたころ、昭恵はようやく待ち合わせのレストランを見つけた。レストランには、晋三と浜岡、そして上司の梅原も、すでに来ていた。せっかちな性格の梅原は、一緒に出ようという約束を忘れ、主役の昭恵を置いたまま、一足先にレストランへ来ていたのである。

「遅くなりまして、申し訳ありませんでした」

理由はともあれ、昭恵は初対面の安倍に、いきなり失礼なことをしてしまったことを、心から申し訳なく思っていた。

が、晋三は、遅れてきた昭恵を、柔らかな物腰で迎えた。

「初めまして。安倍晋三です」

昭恵は、ホッと胸を撫《な》で下ろすと同時に「とても、感じのいい人だわ」と思う。

それが第一印象だった。

晋三は政治の難しい話ではなく、海外の要人たちのこぼれ話など、晋太郎の秘書として海外へ行ったときのエピソードを、面白おかしく昭恵に話して聞かせた。

昭恵の目に、晋三は非常に真面目で誠実そうに映ったが、やはり自分には遠い、大人の男性であった。昭恵の周囲の三十代男性は、いわゆる業界人が多く、彼らと比較すると晋三は垢抜《あかぬ》けていないように見えた。

結婚はまず兄から

それから二〜三週間経ったころである。昭恵は上司の梅原に訊かれた。

「どう、安倍くんから連絡はあった？」

「いえ、ありません」

所用で電通に来ていた山口新聞の濱岡も心配して、昭恵に同じことを訊いてきた。

浜岡は、「それは安倍くんに、一回言わなければいけないな」と早速、晋三に連絡を入れた。

晋三は、仕事が忙しかった。この数週間も、海外を飛び回っていたのだが、濱岡に言われてすぐ昭恵に連絡を入れた。それからは、二週間に一度の割合で、晋三から昭恵のもとに連絡が入るようになり、二人で定期的に会うようになった。

晋三は酒をあまり飲まないが、昭恵は結構いける口だ。二人が食事をするとき、晋三はアルコール度数の低い甘いカクテルを、昭恵は水割りを頼んだ。ボーイが飲み物を運んでくると、迷うことなく水割りを晋三の前に、ストローや果物などが飾られたカクテルを昭恵の前に置いていく。毎度のことで、これには二人とも苦笑するしかなかった。

昭恵は、何度か会ううちに、「この人は、いつ会っても優しい。しかも、分け隔《へだ》てなく、誰に対しても優しい。裏表がなくて、本当に誠実な人なんだわ」と考えるようになった。食事をしたときのボーイへの対応一つにしても、晋三は丁寧で、昭恵は会うたびに魅《ひ》かれていった。

二人だけでなく、お互いの友達と一緒にスキーに行ったり、テニスをして遊んだりしたが、昭恵の友人たちにも、晋三は非常に評判がよかった。

二人が初めて会ってから、二年が経った。昭恵の両親は、昭恵には直接言わなかったものの、まだ結婚しないのかと心配し始めていた。

晋三は別に昭恵との結婚を躊躇《ためら》っていたわけではない。昭恵と結婚したいという気持ちは、すでに固まっていたが、独身の兄の寛信がいる。まず兄が結婚したあと、自分も昭恵と結婚するつもりでいた。

昭恵の両親は、晋三の娘に対する真摯《しんし》な気持ちを聞いて、嬉しく思った。父親の松崎昭雄は、「自分で選んだ人、自分で選んだ人生なのだから、応援するよ」と、それとなく昭恵に結婚を奨める。

一方、昭恵の母・恵美子は、結婚が決まると、また心配が頭をもたげた。

「政治家の妻になったら、この娘は苦労するのではないか……」

当の昭恵は、晋三への一途《いちず》な気持ちしか抱いておらず、政治家の妻になる苦労などは、まったく考えていなかった。母校である聖心《せいしん》女子学院時代の同級生には、自民党の佐藤信二や松本十郎の娘、池田行彦の孫娘などがいたが、政治家の家族の苦労というものを、見たことも、聞いたこともなかった。

晋三も、昭恵に何も言わない。「政治家になるけど、構わないか？」といった話も、政治家の妻としてこうでなければならない、という話もなかった。

婚約して、皆にお祝いを言われても晋三はむっつりしていた。「兄貴がまだ決まっていないのに、そんなに喜べるか」と考えていたのだ。

大変なところに嫁に来たんだなぁ

昭和六十二（一九八七）年一月、ウシオ電機の牛尾家と安倍家の家族が一堂に会し、中央区銀座の料亭「吉兆《きっちょう》」で食事会を開いた。寛信と牛尾治朗の長女・幸子との結婚が決まったのだ。実は、このときすでに晋三も、昭恵との結婚が決まっていた。結婚式の日取りは、五月ごろだという。

晋太郎は、「結婚式は、絶対に長男が先じゃないとまずい」と妙にこだわっていた。

そこで、寛信と幸子の方は五月二十三日、晋三と昭恵はそれから二週間後の六月九日と決めた。

「政治家の妻がどうかとか、政治家の暮らしがどうかっていうのは、よくわかってなかった。でも、その頃は……普通のサラリーマンと結婚して、普通に子どもがいて、普通の生活をしたいっていうふうに思ってたんですね。わたし、あんまり夢とか、まあ今もないんですけど、ずっと夢とかなくて、唯一『お嫁さん』とか言ってたんで（笑）。結婚することが幸せなんだっていうふうに思ってたんですよね。『そんな行儀悪いと、嫁に行けないぞ』とか、よく言われてたんで、大変、大変、お行儀よくしなきゃ、みたいな。そのころは、まあ二年付き合ったから、もう結婚しましょう、みたいな。いっしょにいて楽しかったし」

昭恵は祖父の岸信介には一度だけ会ったことがある。晋三と二人、入院中の岸に結婚報告に行った。

牛尾は、「娘たちの披露宴には、総理（中曽根康弘）も呼んだほうがいいよ」と晋太郎に助言した。

この年の十月には、自民党総裁選が行われる。晋太郎は、竹下登、宮澤喜一とともにポスト中曽根の最有力候補の一人だった。中曽根総理を招いても損はない。だが、晋太郎は、媚《こ》びているように見られるのが嫌なのか、「なんで、俺が呼ばないといけないんだ」と口を尖《とが》らせた。

牛尾が「それじゃあ、俺が案内状を持って中曽根さんのところに行ってくるよ」と言うと、晋太郎は「そこまで言うのなら、俺が行く」と答えた。

結局、牛尾が中曽根に電話で出席をお願いし、晋太郎が、案内状を持っていくことになった。

昭和六十二（一九八七）年五月二十三日、安倍寛信と牛尾幸子は、千代田区紀尾井町《きおいちょう》のホテルニューオータニで華燭《かしょく》の典《てん》を挙げた。仲人《なこうど》はソニー会長の盛田昭夫・良子夫妻。メインスピーチは、福田赳夫元総理と中曽根総理が務めた。竹下登幹事長、宮澤喜一大蔵大臣、三村庸平《みむらようへい》三菱商事会長、石原俊《たかし》日産自動車会長をはじめ、政財界から七百人が出席した。

その二週間後の六月九日、安倍晋三と松崎昭恵は結婚した。挙式は、港区赤坂の霊南坂《れいなんざか》教会。昭和五十五（一九八〇）年、三浦友和《ともかず》と山口百恵《ももえ》が結婚式を挙げ、一躍女性たちの憧れの式場となった。

この教会で挙式することは、昭恵のたっての願いであった。森永製菓創業者の森永太一郎が渡米して菓子の勉強をした修業時代、森永を温かく迎え、支えてくれたのは、現地のクリスチャンたちであった。森永は、教会で洗礼を受けて、自らも信者となった。日本に帰国後、森永の商標を「エンゼルマーク」としたのはそんな理由である。

昭恵自身はクリスチャンではなかったが、学校がカトリック系であったことと、昭恵の両親も、母方の祖父母も、霊南坂教会で挙式していた。

「だから、ウエディングドレスを着て霊南坂教会で式を挙げることは、幼いころからの憧れだったんです」

折しも、昭恵の親族側は、グリコ・森永事件で揺れている時期で、二人の結婚は深刻な状況が続くなかでの光明となった。

「父といっしょにバージンロードを入場していって、そこで父が主人にわたしを渡すわけです。わたしは、父と入って行く時にもうほんとうに泣いてたんです。その後、主人の隣にいて、主人といっしょに賛美歌を歌ったんですね。『賛美歌　三一二番　いつくしみ深き友なるイエスは』を。

いつくしみ深き　友なるイエスは、
罪とが憂《うれ》いを　とり去りたもう。
こころの嘆きを　包まず述べて、
などかは下ろさぬ、負える重荷を

ところが、主人の歌う声があまりにも大きいので、しかもちょっと下手だったので、すごく笑っちゃって（笑）。たしかに主人は、誠実に、一所懸命歌ってた感じなんですけど。つい、わたし、笑っちゃったんです」

披露宴は、東京と、安倍家の実家のある山口県下関《しものせき》市の双方で行われた。
東京では、港区高輪《たかなわ》の新高輪プリンスホテル飛天の間で行われた。仲人は、晋太郎が会長を務める清和会の前会長福田赳夫夫妻。金丸信《かねまるしん》前副総理ほか九十五人の国会議員を含め、八百五十人が出席した。
昭恵は参席者の多さと、錚々《そうそう》たる顔ぶれに圧倒された。参席者があまりに多いため、自分の友人たちを披露宴に呼べないほどで、その代わり、披露宴のあと、友人たちを呼んで盛大な二次会を行った。

寛信と晋三は、晋太郎の地元・山口県でも合同の結婚披露宴を挙げた。しかも、下関市では二カ所で行った。六百人を招いた披露宴は、市の中心部にある結婚式場で行われた。

圧巻だったのは、海辺近くのホテルでの披露宴であった。地元の支持者を招くため、巨大な披露宴会場を設営したところ、約五千人が出席した。牛尾治朗は、総理の座を狙う政治家の勢いをまざまざと見せつけられ、身震いしたという。

披露宴が済むと、晋太郎の実家のある大津郡油谷町《ゆやちょう》(現・長門市《ながとし》)をはじめ、各所をお披露目に回った。そのとき、沿道では大勢の地元民が手や旗を振って新郎新婦を出迎えた。漁港に停泊している漁船すべてに大漁旗が高く掲げられ、二人への歓迎の意を表した。

昭恵は、何とも言えない衝撃に包まれた。

「漁港では、停泊している漁船すべてに大漁旗を高く掲げ、歓迎してくれました。沿道には大勢の地元の人が手や旗を振って出迎えてくれた。うわぁ、大変なところに嫁に来たんだなぁと。だいたいそういう場所にも行ったことなかったので(笑)。

安倍のお父様は、こんなにたくさんの方たちに支持されている。主人は、その後を継いでいく人なのだ。私はこういうところにお嫁に来てしまったのね、と思いました」

各地を巡ったときは、晋三と昭恵だけでなく、兄夫婦も一緒であったが、人々は「安倍晋太郎の跡継ぎは、安倍晋三だ」とすでに理解している。そのため、晋三の妻となった昭恵に、非常に興味を抱いていた。それが、昭恵には痛いほど伝わってきた。

ずっと東京で生まれ育ち、田舎《いなか》を持たぬ昭恵にとって、地方で暮らす人々の絆《きずな》の強さ、連帯感は、まったく未知のものであった。それだけに、人々の歓迎がなおのこと胸に沁《し》みた。

新婚旅行は西インド諸島のバハマに行った。これから晋三が政界で存在感を増せば、もう二度と二人でそんな遠くには行けないと思ったからだ。

「でも、主人は体調が悪かったので、もう全然楽しくない。海はきれいでしたけど、その海もほとんどいっしょには行けず、わたしが一人で行って、主人はホテルで寝ていたんです。ところが、夜になると、主人は『じゃ、カジノでも行くか』とか言って。これはちょっと秘密ですけど（笑）、けっこうカジノ好きなんです」

安倍晋太郎と竹下登の闘い

昭和六十二（一九八七）年十月八日、ポスト中曽根を決める自民党総裁選が告示され、安倍晋太郎、竹下登、宮澤喜一が名乗りを挙げた。

本選挙を回避し、話し合いによる決着を目指したが、三人とも一歩も引かず、中曽根総理による後継者指名、いわゆる「中曽根裁定」に委《ゆだ》ねる公算が高くなった。

中曽根は泰然《たいぜん》としていた。自分に正式に要請があるまで何も口にすまいと心に決めていた。ただし、心のなかでは、密かに「安倍か、竹下か、そのどちらかだな」と考えていた。

十月十九日の十二時二分、清和会会長の晋太郎は、赤坂プリンスホテル新館の九一〇号室に入った。百十四人が所属する竹下派（経世会《けいせいかい》）を金丸《かねまる》信とともに率いる竹下も、一緒に入った。これから、二人で最後の一本化調整を図るのだ。

午後一時過ぎ、ウシオ電機会長の牛尾治朗のもとに、晋太郎周辺の人物から電話が入った。

「おめでとうございます。安倍さんです」

時事通信のテレックスが、一斉に「新総裁、安倍氏が確実に」と新たなニュースを送り始めたという。

が、牛尾は、にわかに信じられなかった。

そのころ、晋太郎の自宅では、その報《しら》せを聞いた昭恵がいちばん喜んだ。昭恵は、洋子夫人に「じゃ、早速トロントへ電話しましょうか」と嬉しそうに言った。三菱商事の資源第三部に配属されていた長男の寛信は、カナダのトロントに仕事で出かけていたからだ。

しかし洋子は、努めて冷静な口調でこう言った。

「昭恵さん、まだ最終決定じゃないんだから、そんなに慌てて電話することないんじゃない」

洋子は、父の岸信介が現役のころから、政界の血なまぐさい闘いを側聞《そくぶん》してきた。どんでん返しも、何度となく耳にしている。「昭恵は、政治のことをまだ深く知らないから無理もない」、そう思った。この件は、あくまでも中曽根の腹一つにかかっている。どのような展開を見せるか、まだ分からない。

中曽根康弘の次の総理は

安竹会談の途中、晋太郎はトイレに立ち、赤坂プリンスホテル新館の九一〇号室を抜けると、安倍派事務総長、三塚博《みつづか》のいる控えの間に行った。

「三塚くん、俺はつらい。同期だが、やはり派閥の規模からいって、経世会は大きい。竹さんの苦しむ姿なんて、もう見てられないよ。俺たちは、親友だからなあ」

晋太郎は、右手を水平にして喉《のど》のところに持っていった。

「〝竹さん先にやれよ〟と、ここまで出かかってる。俺はつらい。どうしたものか……」

晋太郎と竹下は、昭和三十三（一九五八）年初当選組の同期ではあるが、晋太郎は、昭和三十八（一九六三）年十一月の衆院選で落選しており、当選回数は竹下のほうが一回多い。晋太郎の秘書だった奥田斉は、そのときの晋太郎の心理をこう推測する。

「当選回数の少ない自分が、竹下を押し退《の》けて先に総裁になるわけにはいかない、という気持ちがどこかにあったのかもしれない」

午後九時十二分、総理官邸にいた中曽根は、三者会談の結果、「総理白紙一任」に決まったことを渡辺秀央《ひでお》官房副長官から伝えられた。

中曽根は、内閣用箋《ようせん》に向かい、一気に裁定文を書き上げた。

「自民党総裁候補の指名」と題する文章は、四項目からなっており、第三項目まで書き、第四項目の総裁名は入れなかった。

午後九時四十分、中曽根は総理官邸を出て、自民党本部に向かった。四階の総裁応接室で三人の候補に約束させた。

「誰が総理になるにしても、次のことを約束してほしい。一つは、天皇陛下のご容態《ようだい》が悪い。万が一の場合、皇位継承、あるいは大嘗祭《だいじょうさい》とか、そのような問題は、私の内閣で全部勉強しているし、準備もできている。これをきちんとやってくれるか」

新憲法下で初めての皇位継承だから、難しい点が多かった。中曽根は、それを三年くらいかけて後藤田正晴《ごとうだまさはる》官房長官らとともに研究していた。そのためにも、藤森昭一を次の宮内庁長官に据《す》えるよう助言するつもりでいた。

「もう一つは、税制改革だ。誰が総理になっても、これはやらないといけない。ぜひ成立させてくれ」

中曽根は、いわゆる売上税の導入に取り組んだが、国民のすさまじい反発に遭い、無念にも失敗に終わっていた。

「そして、誰がなっても、協力し合ってほしい。この三点を約束してくれ」

むろん、三人に異論はない。

午後十時五十八分、中曽根は総理官邸に戻り、総理執務室に籠《こ》もると、ペンを取り、白紙の第四項目を書き下した。

「総裁候補として、竹下登君をあてることに決定した」

竹下内閣誕生に伴う党三役人事で晋太郎は幹事長に就任、晋三は幹事長秘書となった。秘書として、幹事長の任務の厳しさをつぶさに見て学ぶことになる。

リクルート事件の影響

昭和六十三（一九八八）年六月十八日、川崎市助役のリクルート社未公開株取得による不当利得が発覚した。

七月五日には、中曽根康弘前総理、宮澤喜一大蔵大臣、安倍晋太郎幹事長らの秘書のリクルート社の未公開株取得が判明し、永田町を揺るがすリクルート事件へと発展した。

晋太郎の妻・洋子にも、リクルート社から月額三十万円の顧問料が渡っていたことが報道された。本人は全く与《あずか》り知らぬことであった。

当時、安倍事務所には二十人を超える秘書がいた。政治資金は安倍事務所の総合力で集めており、晋太郎本人がすべてを把握しているわけではなかった。

派閥政治の時代である。現在とは違い、派閥の領袖《りょうしゅう》が政治資金集めを一身に背負って派閥を運営しなければならない。そのような状況のなかで、晋太郎本人も知らないような事実が連日マスコミを賑《にぎ》わした。

しかし、幹事長という立場にある晋太郎とすれば「これは、秘書がやった」とは言えない。

晋太郎は、秘書の奥田にきっぱりと言っていた。

「秘書がやったことは、俺の責任だ」

この時、晋太郎は、珍しく晋三に弱音を吐いている。

「どうすりゃいいのだろう……」

「罪を犯しているわけではないので、すべてきちんと出すべきではないでしょうか。すべて曝《さら》け出したほうがいいと思います」

晋太郎は晋三の進言を受け入れ、事件の解明に精一杯協力した。晋三にとって、この事件は反面教師となった。

すぐに手術してほしい

平成元（一九八九）年四月、晋太郎は洋子に体の不調を訴えた。

「胃の具合が悪い……」

晋太郎は、家の近くのＰＬ東京健康管理センターで、半年に一度、必ず半日ドックを受けていた。その検査では、何の異常も見つかっていなかったが、そのころ晋太郎の顔色は常に悪かった。

洋子も当初は、夫の具合が悪いのは、リクルート事件に絡《から》むゴタゴタが続き、その疲労が溜まっているのだろうと思っていた。だが、あまりにも顔色が悪すぎた。黄疸《おうだん》が出ていたのだ。

晋太郎は「腰が痛い」とも訴えていた。

順天堂大学医学部附属順天堂医院で、精密検査を受けると、担当医師・二川俊二にこう言われた。

「とにかく、すぐに入院して手術してほしい。すぐに手術しないと、どうなるか分かりませんよ」

その夜、晋三と洋子は、二川医師の部屋に呼ばれた。寛信はカナダ三菱商事に転勤しており、日本にはいなかった。

二川は二人にこう伝えた。

「いま検査をしていますが、癌《がん》の可能性もある。もう少しよく検査をしてみる必要があります」

四月十九日、晋太郎は入院。その三日後、順天堂医院医師団は病名を「総胆管結石《そうたんかんけっせき》」と発表した。

秘書の奥田斉は、晋三と一緒に晋太郎に勧めた。

「先生、すぐに手術を受けましょう。病気が長引くと、政界でも人がなんじゃかんじゃ言うから、幹事長も辞めましょうや」

しかし晋太郎は、頑として聞き入れなかった。

「俺がいま幹事長を辞めたら、竹下はどうなる。大学教授なんか、政治のことは何一つ分かっないのだ」

奥田らは、順天堂医院の医師を、幹事長として国会や党本部などで活動する晋太郎に同行させ、体調が悪くなったときは、いつでも点滴が打てるよう準備した。

結局、晋太郎が手術を受けたのは、医師に手術を勧められてから二十日後のことであった。

奥田は、当時を振り返り、悔やんでも悔やみきれなかったと嘆く。

「強引にでも手術をさせるべきだった。あのとき、すぐに手術をしておけば、あるいは命を縮めることはなかったかもしれない。先生は盟友の竹下登を守るために命を縮めたようなものだ」

晋太郎は癌だった

五月十五日、晋太郎は手術を受けた。結石を取るだけでなく、膵臓《すいぞう》から十二指腸、胃の一部まできれいに取ってしまった。

洋子は手術の直後、晋三とともに担当医師の二川の部屋に呼ばれ、晋太郎が「膵頭領域の癌」であることを知らされた。

晋三は、目の前が真っ暗になった。

二川医師は、明確には言わなかったものの、手術後、普通は二年から三年ほどしか生存できないという。洋子は、夫の癌を現実のものとして受け入れ、「これからは、お父さんの好きなようにさせてあげよう」と考え、表向きはあくまで総胆管結石で通した。

本音を言えば、洋子は国立がんセンターで最先端の医療を受けさせたかったが、そんなことをすれば、晋太郎が癌であることを悟られて、夫の政治生命を短くすることになる。

だが、どこから漏れたのか、間もなく晋太郎が癌であることは、マスコミに知られることになった。

晋太郎の病室には、幹事長代理の橋本龍太郎をはじめ、出入りがかなり多くなり、病床の晋太郎が、ゆっくりと休める状態ではなかった。しかも、病室を訪れる人たちも、腹のなかでは、晋太郎が癌だと分かっている。にもかかわらず、真実を隠さなくてはならないことは、晋三にも洋子にも、つらくてならなかった。

平成元（一九八九）年三月三十日には、昭和六十二（一九八七）年に開催された「竹下登幹事長を激励する夕べ」のパーティ券を、リクルート社が二千万円分も購入していたことが発覚。竹下は四月二十五日、辞意を表明した。竹下内閣が、事実上崩壊、宇野宗佑《そうすけ》が跡を継ぐ。政界は大きく動いていた。

晋太郎は、入院のため自らが竹下の後継総裁になるどころか、大事な後継選びの調整役まで棒に振らなければならず、断腸の思いであった。

ソ連にこだわった理由

『サンデー毎日』で神楽坂《かぐらざか》の芸者に告発された宇野宗佑が退陣表明を行った翌日の七月二十五

日、晋太郎は、順天堂医院を退院し、早速、行動を開始した。

晋太郎がソビエト連邦を訪問してミハイル・ゴルバチョフ議長と会談するというシナリオは、水面下で着々と進められていた。

昭和六十三（一九八八）年十二月十八日に来日したソ連のエドゥアルド・シェワルナゼ外務大臣が、そのとき幹事長の晋太郎と会談した。シェワルナゼは「政権党同士の交流を、やりましょう」と提案。つまり、ソ連共産党と自民党の交流を始めようということで、それが実現すれば、党同士としての交流は初めてのことになる。

二人はこの件について、原則的に合意した。

晋太郎が総胆管結石を理由に突然入院することになり、一度は立ち消えたが、それでもソ連側は会談実現に積極的であった。晋太郎の入院中に、非公式に以下のように伝えてきたという。

「党同士の交流については、進めていきたい。安倍氏の健康の回復を待つ」

晋太郎は、「退院したらソ連訪問、あるいは中国訪問を何とか果たしたい」と必死だった。〝晋太郎復活〟をどうしても高らかにアピールする必要があるからだ。そのための訪ソ、あるいは訪中なのである。外務大臣を連続四期も務めた晋太郎は、「外交の安倍晋太郎」として起死回生を図ろうとしていた。

八月十日には、宇野政権に代わって、海部《かいふ》俊樹内閣が成立した。竹下登は、何としても盟友の晋太郎を総理に据えるつもりでいた。そのためにも、晋太郎と当選回数の同じ海部を総理に据えたのである。橋本龍太郎だと若返りになり、晋太郎が総理の座に座るのが難しくなるからだ。

七月二十五日、およそ三カ月ぶりに晋太郎が退院すると、再び外務省を通じてソ連との交渉が始められた。

十二月十四日、ポスト海部を晋太郎と争う最大のライバル・宮澤喜一は、米ワシントンのホワイトハウスで、ジョージ・H・W・ブッシュ大統領と会談した。これは宮澤の要求により実現したものだった。宮澤は、日米関係について、構造協議や在日米軍駐留経費の負担増といった当面の両国間の懸案のみならず、日米両国内で頭をもたげ始めている日米同盟関係のあり方への批判や疑念についても、長期的視野で話し合った。

宮澤も、晋太郎と同じようにリクルート事件の禊《みそぎ》がまだ済んでいないので、日本国内では大っぴらに活動できない。だから海外で活躍しようとしたのだ。ポスト海部を睨《にら》んでの行動でもあった。

焦った晋太郎は、「宮澤がアメリカなら、俺はソ連だ」と考えた。

平成二（一九九〇）年一月五日夜の十時すぎ、晋太郎に外務省から電話が入った。

電話を受けた晋三が、晋太郎に伝えた。

「（モスクワにいる）川上（隆朗《たかお》特命全権）公使に、ソ連側がはっきりと告げたそうです。ゴルバチョフ最高会議議長が、十五日の午前十一時、クレムリンで会うそうです」

晋三が喜びながら「去年が最悪でしたから、これでツキがまわってきますね」と言うと、晋太郎はニッコリと笑った。

ゴルバチョフ議長と会談

一月十五日、自民党訪ソ団団長の晋太郎とゴルバチョフ議長との会談が、モスクワのクレムリンで行われた。晋三も秘書官として同席。

この秘書官時代に、世界の首脳たちとの会談に同席したことが、後に晋三が総理になった時に、大いに役に立っている。

二人は固い握手を交《か》わしたあと、会談に入った。

「あなたの来年の訪日を、日本国民はみんな待っている。桜が咲く四月ごろが一番美しいが、どうですか」

ゴルバチョフ議長は答えた。

「何らそれに支障が起きないことを期待している」

のっけから訪日の話を持ち出した晋太郎は、ゴルバチョフが了承したことに奮い立った。ソ連の指導者が来日するなど、それまでは考えられないことだったからだ。

晋太郎は「そのとき、ゴルバチョフと総理として握手するのは、この俺だ」と考えていた。

また、「ゴルバチョフも、日本の次期総理は晋太郎と睨んで、民族問題が噴出するなか、わざわざ自分と会った」と信じていた。

「両国の困難は、叡智《えいち》をもって解決していくしかない。その他の道は、あり得ない。同時にほかの面でも協力して両国関係を発展させたい。そのために八項目を提案したい」

そう言うと、晋太郎は「漁業分野における互恵的《ごけいてき》民間協力の推進、人道的見地から、北方四島のうち墓参の実現していない択捉島《えとろふとう》への墓参の実現」など八項目の提案を行った。

ゴルバチョフは頷《うなず》き、こう語ったという。

「結構です。あなたの提案は、我々から肯定的に迎えられるでしょう。日本の友人たちに、我々が必要と思える措置を押しつけることはできない。それはあなた方の主権の問題であり、固有の権利だ。しかし、隣国同士の我々の関係は不正常だ。いまの提案には、よく考えて善処したい。択捉島墓参は十分考えたい」

択捉島墓参にゴルバチョフが柔軟な考えを見せたことは、北方領土問題に新展開をもたらしたことになる。

晋太郎は続けた。

「いま日ソは、両国間の困難な問題を克服する時期に来ている。ゴルバチョフ時代にぜひ解決していきたい」

困難な問題とは、北方領土問題、日ソ平和条約締結へ向けての作業などを指していた。晋太郎は最大の懸案を、ゴルバチョフ議長にぶつけたのである。

晋太郎は、内政問題であれ、外交問題であれ、曖昧《あいまい》な駆け引きはしない。ズバリこちらの要求を出すのだ。

昭和六十三（一九八八）年七月、総理を引退してまもない中曽根が訪ソしているが、それまでのソ連側の対応は、こと北方領土を持ち出すと、「あれは第二次世界大戦終了後、合法的にもらい受けたものだ。法規的に、何らおかしなところはない」とはねつけ、日本側も「そういうことであれば、経済援助はしない」と言い、平行線を辿ってきた。

それが、このときの会談では、晋太郎がペレストロイカ体制を支持、援助すると一歩踏み出し、それに対しゴルバチョフも、「領土問題を解決する方向で考えていこう」と一歩踏み出してきたのだ。これこそ大きな収穫であり、日ソ関係の画期的な展開を告げるものであった。

ゴルバチョフとの会見を終え、いよいよ帰国というとき、晋太郎は晋三に弾んだ口調でいった。

「ゴルバチョフとの会見は、一応成功した。北方領土問題についても、いままでになかった前進があった。今度の総選挙では、〝ソ連は、話し相手として自民党を選んだ、しかも、安倍晋太郎を選んだのだ〟ということをアピールしていく。やはり〝これからは実力者の時代だ、派閥のリーダーこそ必要とされている〟ということを訴えていく」

晋太郎は、総理大臣の椅子を摑むためにも、総選挙に賭けていた。

そして晋三に、胸の内の闘志を語った。

「このまま野垂《のた》れ死にして、なるものか。何のために、三十年間も苦しい思いをして戦ってきたのだ……」

選挙は晋太郎の生き甲斐

平成二(一九九〇)年二月の衆院選は、晋太郎が清和会の会長に就任後、初めて迎えた衆院選であった。晋太郎は、一人でも多くの同志を当選させるため、まさに命がけで戦った。

晋三は、晋太郎が選挙を前にいつものように昂揚《こうよう》しているのが分かった。

「選挙は、命がけでやるものだ」というのが、晋太郎の持論である。晋三の目から見ると、竹下登の選挙好きは、選挙そのものをゲームとして見ているような気がするが、本質的に攻めの性格である晋太郎は、選挙の戦いのなかで、ある種の生き甲斐《がい》を見出《みいだ》しているとしか思えなかった。

実際、晋太郎は選挙戦に突入すると、自分の健康のことなど忘れてしまう。武士が合戦で渡り合うとき、自分の体の一部の痛みなど意識しないのと同じである。

医師は、晋三に告げていた。

「いくら体を酷使しても、それはあまり寿命とは関係ありません」

晋三には、それが本当なのかどうかは分からない。しかし、「親父《おやじ》がやりたいことをやらせたほうがいいだろう」と判断した。

清和会事務総長の森喜朗は、晋太郎と二人で全国を手分けして飛び回った。移動の際には、ヘリコプターをチャーターした。

森が次の応援のため佐賀に向かうためヘリコプターに乗り込んだところ、晋太郎から無線電話がかかってきた。

電話に出ると、晋太郎は「何をやっているのだ、お前は！　いま、どこに行っているのだ」と言う。森が「私は、いまから佐賀に行くところですが……」と答えると、晋太郎はこう叫んだ。

「ダメだ！　早く××に行け！」

晋太郎は、まるで気でも狂ったような熱中ぶりであった。

この総選挙で、清和会はなんと二十二人もの新人議員を当選させた。一つの派閥で新人議員が二十人を超えたのは、自民党の結党以来、初めてのことであった。

モスクワ「赤の広場」で平家踊り

総選挙から七カ月後の九月十四日、晋太郎は再び順天堂医院に入院。ウシオ電機会長の牛尾治朗は、晋太郎の異父弟で日本興業銀行常務の西村正雄（のちに頭取）を通じて、晋太郎の本当の病状を聞かされていた。

晋太郎は、西村の写真を見るたびに、「俺とよく似た顔をしているな」と気になっていたというが、なんと西村が子供のころ父・寛《かん》と離婚して出て行った母・静子の稼ぎ先で生まれた義理の弟であることがわかった。それからというもの、二人は兄弟づき合いをしていた。

牛尾は、西村に勧めた。

「がんセンターに移したほうが、いいんじゃないか。臨床例からいっても、がんセンターのほうが多いし」

しかし、政治家にとって病気を明かすのは致命的となる。ましてや、癌ならなおさらだ。癌であることは、すでに周辺に知られているが、それでもなお躊躇《ためら》いがあった。

九月二十二日から、モスクワで、日本の文化芸能をソ連の一般市民に紹介する「日本文化週間」が開かれることになった。この年の一月、晋太郎がゴルバチョフと会談した際、開催を提案したのだ。

晋太郎は、日本文化週間に自民党代表団の団長として訪ソする予定だったが、体調が思わしくない。療養に専念することになった。代わりに、小渕恵三《おぶちけいぞう》元官房長官が団長を務めることになり、晋三は父親の名代《みょうだい》として訪ソ団に加わった。

昭恵も、下関の「平家踊り」を披露するグループに参加し、一緒に訪ソすることになった。

平家踊りは、源氏に追われて下関の壇ノ浦に散った平家一門への供養の踊りが源《みなもと》といわれている。三味線、勇壮な和太鼓、空樽《からだる》が軽快なリズムを刻み、踊り手は「糸繰り式《いとく》」といわれる、手を上に伸ばして交互に繰るような動きを基本としている。

昭恵は、晋太郎の秘書の奥田斉からこう言われた。

「これから下関市民になるのだから、地元伝統の踊りを習ったほうがいいでしょう。モスクワで代表として踊ったら、皆さんから評価していただけるよ」

昭恵はすぐに踊りの指導を受け、必死になって練習した。

赤の広場での本番当日、中曽根派（政策科学研究所）に所属しながらも、「晋太郎を総理に」と情熱を燃やしていた山口敏夫も参加していた。山口は会場の入口で、自前で買ってきたチョコレートを通行人に配っていた。

山口は、昭恵に茶目っ気たっぷりに言った。

「ソ連の人たちを、たくさん呼んでおいたからね」

赤の広場には、なんと四十万人もの人々が詰めかけた。日本の花火に見入り、北島三郎の演歌に、モスクワっ子たちは酔った。

ソ連の国営テレビでも連日、日本文化週間の模様が放映され、これまでソ連を目の敵《かたき》にしてきた日本人との、まったく新たな文化交流が繰り広げられた。

昭恵は高まる緊張感のなかで、見事に平家踊りを踊り切った。

晋太郎が弱音を吐いた

九月三十日、晋三はソ連から帰国するや、その足で順天堂医院に父親を訪ね、父親にモスクワでの大イベントの成功について報告した。晋太郎は、自分が行けなかったことを、改めてひどく残念がっていた。

　十月六日、ソ連外務省から「二島返還」を示唆《しさ》するメッセージが伝達された。そして十一月三十日、晋太郎は順天堂医院を退院した。

　しかし、平成三（一九九一）年一月十九日、晋太郎は、順天堂医院に三度目の入院をする。病状はひどく厳しい。晋太郎は外務大臣、幹事長などの要職を歴任し、清和会を率いている。責任ある政治家として、今後のことも考えておかなければならない。

　晋三は、心を鬼にして父親にこう告げた。

「お父さん、癌です」

　晋太郎は、「ああ、やはり、そうか……」と思いのほか冷静に受け止め、取り乱すことはなかった。そして、最後まで諦《あきら》めなかった。

　病室には、清和会の幹部たちが次々に見舞いに訪れた。清和会四天王の一人、加藤六月《むつき》は「健康さえよければ、（海部内閣から）安倍内閣に代えますから。みんな、そう思っていますから」と言って晋太郎を励ました。

　晋太郎の盟友で、党内最大派閥を率いる竹下登も間違いなく推してくれる。そもそも、竹下が総理を退任したあと、宇野宗佑や海部俊樹を後継総裁に据えたのも、晋太郎が総裁になるまで年代を若返らせないことが目的であった。

しかし晋太郎は、ひどく無念そうに答えた。

「いや、俺はまだ、健康に自信が持てないよ……」

その年の四月、ゴルバチョフが来日することになった。前年一月十五日、自民党代表団の団長としてソ連を訪問し、ゴルバチョフと会談した晋太郎は、「ぜひ桜の花の咲くころにいらしていただきたい」と約束を取りつけ、積極的に訪日の道を開いてきた。歓迎レセプションの委員長も引き受けており、ゴルバチョフと日本で会うことを楽しみにしていた。

衆議院議院運営委員長の森喜朗は、「この路線を敷いたのは安倍さんなのに、その安倍さんがゴルバチョフに会えないなんて、そんな馬鹿な話はない」と唇を嚙んでいた。

そう思っていたところ、森は竹下に呼ばれた。

「森くん、安倍ちゃんのために、できるだけのことはしてやれよ。あとは、俺が責任を持つから」

森は、洋子に電話を入れた。

「安倍さんをゴルバチョフに会わせたいのですが、体調はどうですか」

洋子は、丁重《ていちょう》に断った。

「お気持ちは嬉しいですが、ちょっと無理のようです。ご心配なさいませんように」

それからしばらくして、晋太郎の上席秘書の清水二三夫から、森に電話がかかってきた。

「森先生、できれば安倍とゴルバチョフを会わせる方法を考えてやってほしい」

森は「いよいよ体調が悪いな」と察し、竹下と相談した。

「きみは、議運の委員長だ。だから、衆議院議長の桜内《さくらうち》（義雄）さんが議長公邸での午餐会《ごさんかい》にゴルバチョフを招待するかたちにし、その席に各党の党首、各派の会長たちを招いたらどうだ」

竹下がそう提案した。

だが、森はそれに反対する。

「なるほど、それは名案ですね。でも、おそらく安倍さんは、立っていられない状況です。皆さんと一緒に昼食を取ることはできないでしょう」

そこで、桜内が各党の党首や各派閥の会長を議長公邸の庭に誘い、ドリンクパーティーのようなものを開いてもらう。その間を利用し、晋太郎とゴルバチョフと二人だけによる会談をセットすることにした。

早速、森は根回しに動いた。議運の委員長だからこそ桜内議長、各党の党首、各派の会長の了解を得ることに成功し、晋太郎・ゴルバチョフ会談が実現する運びとなった。

会見日を間近に控え、晋三は医師に制癌剤《せいがんざい》の投与を一時停止してもらった。制癌剤は、その副作用として体力を落としてしまうからだ。

最後の晴れ舞台

四月十八日、晋太郎は、順天堂医院の病室で紺のスーツに着替えた。痩せ細った身体をふくよかに見せるため、下着のシャツを二枚重ね合わせ、そのあいだにパッドを入れた。

このアイデアは、晋太郎夫妻と親しい友人、俳優芦田伸介夫人の話を参考にしたものであった。安倍夫妻が芦田の芝居を見たあと、楽屋を訪ねていろいろと話を聞いた時、芦田夫人がこう言っていたのだ。

「（役柄で）恰幅《かっぷく》のいい感じを出すのにはシャツを二枚合わせて、そのあいだに綿を入れたものを作って着せるのですよ」

晋太郎を乗せた車は、順天堂医院を出ると、千代田区永田町二丁目にある衆議院議長公邸に向かった。道路が空いており、少し早めに永田町周辺に到着した。

晋三は、晋太郎に声をかけた。

「ちょっと、早すぎましたね」

晋太郎は、車窓に映る永田町周辺の風景を愛《いと》おしむかのように言った。

「それじゃあ、（時間潰《つぶ》しに）憲政記念館にでも寄っていくか」

車は、永田町一丁目にある憲政記念館に滑り込んだ。

後部座席からゆっくりと降りた晋太郎は、木立《こだち》のなかで大きく一回伸びをした。

「ああ、気持ちいいなあ」

おそらく、これが晋太郎が思いきり外気を吸った最後の瞬間であった。

森は、衆議院議長公邸のなかでも、通常出入りのできない通用口の前で晋太郎の到着を待った。やがて、晋太郎を乗せた車が静かに姿を現す。晋太郎は、後部座席から降り立った。その瞬間、フワッと倒れそうになり、みんなが慌てて晋太郎の身体を抑えた。

衆議院議長公邸での会見の間は、入口の近くに設営してあった。ここのところ体調がいいとはいえ、長い距離を歩き回れる状態ではない。晋三は「車を降りてからできるだけ歩かずに済むよう、桜内先生や森先生らが配慮してくれたのであろう」と気づいていた。

森は、晋太郎を屏風《びょうぶ》でしつらえた即席の会見の間に案内した。

ゴルバチョフが姿を現すと、晋太郎は、顔を綻《ほころ》ばせ握手を交わす。

ゴルバチョフは、晋太郎に話しかけてきた。

「私は約束を果たしました。桜がそろそろ咲きますよ」

晋太郎は頷いた。

森はその光景を見ていて、「これが、あるいは最後のご奉公になるかもしれない」と、胸に熱いものが込み上げてきた。

そこに、午餐会に招かれ庭にいた宮澤派（宏池会《こうちかい》）会長の宮澤喜一が、ひょっこり顔を見せた。

宮澤は、「お元気そうじゃないですか」と晋太郎を励ました。

「宮澤さん、頑張ってください。私はもう、遠くから見ていますから」

晋三は、父親の言葉に「もう自分の命は長くないと思っているのだろうか」と感じた。

ゴルバチョフとの五分間の会見を終え、晋太郎は病院に引き揚げた。

ゴルバチョフ大統領に会えたこと、体力的にも乗り切れたことで、晋太郎は気持ちのうえでも満足していたのであろう。病院に戻ると、晋三に晴れやかな表情を見せた。

その夜、安倍・ゴルバチョフ会見がテレビニュースで報じられた。晋太郎は、自分の姿を見てにこやかに晋三に言った。

「そんなに痩せてもいないし、これを見たら、みんな安心するな。これからは、ときどき出かけて、いろんな方にお会いしようかな」

晋三は、晋太郎が病気になってからは、いつもそばについていた。

晋太郎は、柔らかな表現はしないタイプで、病床に晋三が見えないと「どこに行っていたのだ。秘書なのだから、しっかりしなくちゃダメじゃないか」と叱った。

また晋太郎は、妻の洋子に、晋三について常々こう言っていた。

「おれも甘いところがあるけれど、晋三も俺に輪をかけたようなところがあるからな」

そして半分冗談のようにこう続けたという。

「ちょっと心細いようでもあるけれど、何とかやってくれるだろう」

晋三が後を継ぐことははっきりしていたが、特に遺言《ゆいごん》めいたことはなかった。死期が近くなると、晋三を枕元に呼び、晋太郎は諭すように言った。

「政治家になるのは、大変だ。お前も、相当覚悟をしないとダメだ。死に物狂いでやれ。そうすれば、必ず道は拓《ひら》ける」

晋三は、これまで命を削って国のために働いてきた父親の姿を見て、改めて覚悟が固まった。

昭恵の前で泣き続けた

五月十五日午前七時七分、安倍晋太郎は、順天堂医院で膵臓癌のために亡くなった。六十七歳であった。

晋三は、父親の無念の死に男泣きに泣いた。五月十六日の芝の増上寺《ぞうじょうじ》での五千人が参列した通夜、翌日の八千人が参列した葬式と、忙しく動いている昼間はまだいい。が、夜になると、晋三は昭恵の前で涙を流し続けた。

「父が亡くなった時はものすごく落ち込んでいて、ずっと泣いてたんですよ、夜になると。わたしは……もういい大人じゃないですか、こんな泣いてて大丈夫かというか、この人、政治家としてこれからやってくのに大丈夫なんだろうかって思いました。けれど、その後は主人の涙は、一回も見たことがないんです。第一次政権で総理を辞めた時。あの時ですら、涙は流さなかったですね」

昭恵は、自らも一緒に涙を流しながら、夫を慰《なぐさ》め続けた。

晋三は死の二年前から、晋太郎が癌であることを知らされていたが、これほど早く亡くなるとは考えていなかった。そのため、父親の分まで立ち働いており、十分に話す機会をつい逸していた。その後悔と、父親を失った悲しみと、父親の後継ぎという重責が、激しい奔流のように一気に押し寄せてきたのかもしれない。

何より、総理への道を目指して弛《たゆ》まぬ努力を続け、そこへ辿り着く一歩手前で病に倒れた父親の無念を思うと、晋三はどうにも居たたまれなかったのであろう。その悲しみが、やがて父親の志《こころざし》を継ぐ、固い決意へと昇華されていったと昭恵は見ている。

昭和三十五年の安保騒動のとき、幼い晋三が祖父・岸信介の家に遊びに行くと、家の周囲はデモ隊が取り巻いていた。しかし祖父は、子供であった晋三ら兄弟と遊ぶなど悠然としていた。

のちに晋三が思うには、祖父には揺るぎない、「自分のやっていることは間違っていない」という自信と信念があった。世論から批判され、マスコミをすべて敵に回しても、まったく動じなかった。晋三は、祖父から、正しいと思ったことをやるときは、決して動じてはいけないということを学んだ。

父親の晋太郎は、晩年、ソ連との国交正常化や北方領土の返還に政治生命をかけていた。そのとき、すでに身体が悪く、肉体的に厳しいなかでソ連を訪問し、ゴルバチョフから「叡知ある解決を考えたい」という言葉を引き出した。その執念は、凄《すさ》まじいものであった。

晋三は、父親から「政治家として目標を達成するためには、淡白であってはならない」ということを学んだのだ。

1993年7月、父・晋太郎の地盤を引き継ぎ、第40回衆議院選挙に山口1区から出馬

第3章
安倍晋三と拉致問題

逆風にさらされた初選挙

昭恵は義父、晋太郎の死を境に、本格的に政治家の妻としての役割を担《にな》うことになった。東京のマンションはそのままに、晋太郎の住んでいた下関《しものせき》にある実家へ居を移すことになった。

安倍は、平成三（一九九一）年六月二十九日、増上寺《ぞうじょうじ》で晋太郎の七七日法要を済ませ、それから九日後の七月八日、山口県萩市で、「父の夢を追い求め、受け継いでいきたい」と語り、正式に次期衆院選に山口一区から立候補することを表明した。

亡き父の弔《とむら》い合戦とはいえ、決して楽な戦いではない。

山口一区の定数は、四議席。前回の平成二（一九九〇）年二月十八日の衆院選では、安倍派（清和会《せいわかい》）会長の晋太郎自身は、リクルート事件を理由に票を減らしたものの、十万二千二百四票を獲得し、トップ当選を果たしていた。

ほかに当選七回を数える宮澤派（宏池会《こうちかい》）の林義郎《よしろう》、福田派（清和会）の重鎮であった田中龍夫の後継者で安倍派の河村建夫《かわむらたけお》、社会党の小川信《まこと》の四人が、次点の共産党候補を大きく引き離して当選した。順当にいけば、晋太郎の後継者である安倍晋三の当選の可能性は高い。

ところが、安倍派の県会議員の古賀敬章《たかあき》も出馬するという。古賀は兄・寛信《ひろのぶ》の友人であり、寛信が紹介した女性と結婚、晋太郎夫妻が仲人《なこうど》を務めていた。当然、後援者も重なっている。

また古賀の父は、山口県下で三本の指に入る建築会社のオーナーで、晋太郎の支援者でもあった。

もうひとり晋太郎の支援者であった江島潔《えじまきよし》も、立候補するという。江島は、福田派（清和会）に属していた故・江島淳《あつし》参議院議員の息子で、こちらも晋太郎が仲人親であった。

安倍は、江島淳が急死したときの補選に出馬する決心をしたが、江島潔も出馬の動きを見せたので、晋太郎に断念させられた過去がある。

昭恵は「義父が亡くなった途端に、身内だと思っていた人が、ライバルになるなんて」と政治の世界の非情さを思い知った。

晋太郎の死去により、安倍後援会は、安倍晋三派、古賀敬章派、江島潔派に三分裂し、票を食い合い、共倒れする危険性も高い。

しかも、山口一区には、現職の大蔵大臣の林義郎など強豪も控え、安倍は決して当確の枠内にいるわけではなかった。

安倍が外務大臣秘書官に就任してまもなく、安倍晋太郎後援会の青年部を中心に、安倍晋三を応援する会「晋栄同志会」が発足した。下関に本部を構えた「晋栄同志会」は、各地区に次々と支部を立ち上げていった。

安倍晋太郎後援会の青年部に属していた配川《はいかわ》博之も、仲間とともに地元の美祢《みね》郡秋芳《しゅうほう》町（現・美祢市）に「秋芳晋栄同志会」を結成。平成四（一九九二）年五月には、安倍の選挙を手伝うため、正式に安倍事務所のスタッフの一員となった。

安倍は、父親が築いた後援会や晋栄同志会に支えられながら、地道に選挙運動を展開した。毎日、命がけで選挙区を歩き回った。父親の故郷である大津郡油谷町《ゆやちょう》など、それこそ一軒残らず戸別訪問を行った。

のちに安倍が自民党幹事長となって初めて臨んだ平成十五（二〇〇三）年十一月の衆院選で、十四万三百四十七票もの大量票を得たのも、このとき命がけで選挙区を回った苦労があったからだと思っている。

安倍は、絶対に勝ってみせるという強い信念のもと、ひたすら選挙運動に励んだ。政治家というものは、自信を持たなくては最後まで選挙運動など続けていられない。

しかし、週刊誌の当落予想では、安倍に当選確実の「○」を打った雑誌は、一誌もなかった。有力の「△」がちらほらあった程度で、苦戦の「▼」がほとんどであった。

新人候補にとっては、「▼」はマイナスとなる。後援者が、いくら応援してもダメだと諦《あきら》めてしまうからだ。「△」なら、却《かえ》って後援者が燃えてくれる。安倍は、そんな後援者にも支えられた。

支援者に好かれた昭恵

安倍の母・洋子は、この選挙は安倍が中心になっていたので、裏方として手伝うことにしたが、内心、初めて選挙を戦う昭恵のことを心配していた。

昭恵は森永製果の社長の家に育ち、政治家のことは分からない。選挙がどんなに大変かも知らない。しかも、東京生まれの東京育ちで、地元の山口県には友達もいなかった。そういうなかで、安倍を支える気苦労は、並々ならぬものがあるに違いない。

昭恵が初めて大勢の支援者の前で挨拶に立ったのは、安倍の個人演説会を開催したときであった。

昭恵は、何を言っていいのかわからない。マイクを手にしたまま、ついにポロポロと涙を流した。すると、その必死さが伝わったのだろう。会場にいた支援者たちも、涙を誘われた。

落ち込んだ昭恵を洋子が励ました。

「初めから上手に喋《しゃべ》ろうとか、そんなことをしないでも、自分の気持ちを訴えるつもりで話していれば、あなたの気持ちは十分に伝わるのよ」

昭恵は、それから持ち前の明るさで、安倍を支えた。支援者たちの輪にも、見事に溶け込んだ。

昭恵からすると、下関の人々の親切さが、実にありがたかった。後援者の自宅を一軒一軒挨拶に回ったときは、「これ、食べなさい」「これ、持って帰りなさい」と、手厚くも気さくなもてなしを数多く受けた。

晋太郎の昔からの後援者たちは、昭恵に握手の仕方、お辞儀の仕方まで、一から丁寧に指導してくれた。

「握手をするときは必ず両手で、相手の方の目をちゃんと見て、ありがとうございますという感謝の気持ちを持ってね」

まだ二十代の昭恵がミニスカートを穿《は》いていると、「スカートは、もう少し長い物のほうがいいんじゃないかしら」とやんわり注意を受けることもあった。

「わたしが初めて間近で見た牛に、思わず大声をあげたときは、『牛ぐらいで、そんなに騒ぐものじゃないわ』とたしなめられました。だけど、わたし、あんなに間近に牛を見たのは初めてで、めずらしく、うれしかったのです」

しばらくすると昭恵は、お辞儀一つ、握手一つ、自然と感謝の気持ちを込めている自分に気づいた。後援者一人ひとりの温かさに触れ、感極まって涙することもたびたびあった。その涙に、選挙区民に頭を下げて回るつらさが混じっていないのは、自分でも不思議なほどであった。

「これが、田舎《いなか》の良さなんだわ」と感じていた。

それに、一面に広がる木々や田畑の緑が眩《まぶ》しく、「夫の故郷が、自分の新しい故郷が、この山口県で本当によかった」と感じたほどだった。

安倍も当初は、国会議員の妻として本当に大丈夫だろうかと心配していたが、昭恵はすぐに誰とでも打ち解け、後援会の人たちに可愛がってもらっていた。そんな昭恵を見て、安倍もホッとしたという。

昭恵は、安倍が国会議員を目指していることを承知で妻となった。晋太郎の秘書であった奥田斉の目には、昭恵はとにかく仕事好きで、面白がってやっているように映った。

ざっくばらんな性格で、話していても肩が凝《こ》らない。どんなところに行っても、まったく気取らない。決して威張ることもない。みんなの輪のなかにスッと入っては、一緒に騒いでいる。地元では人気が高かった。

晋太郎は、生前、奥田に昭恵のことを褒めていた。

「晋三はいい嫁をもろうたよ。こういう嫁は、なかなかもらえん」

奥田自身も、昭恵に言ったことがある。

「あんたは、本当に政治家の嫁さんに似合っているねえ。こういう仕事、あんた自身が好きなんだ」

昭恵は、屈託のない顔で笑っていたという。

安倍は選挙区をくまなく回りながら、事務所の人にたびたび注意した。

「後援者の方のなかで、とかく社会的地位の高い人にばかり目が行きがちだ。でも、誰が一所懸命応援してくれているか、それをしっかりと見なくてはダメだよ」

秘書が後輩秘書に命じて電話をかけさせたりすると激怒した。

「電話は、代わりの人間にかけさせてはいけない。自分でかけるものだ。相手に失礼だろう！」

安倍自身、秘書に電話をかけさせることはほとんどない。自分で直接電話をかける。電話を受けた人間がビックリすることもしばしばあった。これは後年、総理になってからも変わらなかった。

安倍は、時間のないなかでも、変わらず周囲に細かい気を遣い続けた。

ただ一つ、後援者が酔っ払って「俺の酒が飲めないのか！」と絡《から》んでくるときだけは、さすがに辟易《へきえき》したが、自分が苦手な酒を飲んでケロッとしている昭恵を見て、冗談混じりでこう言った。

「きみは、大酒飲みだねえ」

こうして安倍と昭恵は、選挙期間中、「初当選」という一つの目標に向かって、まっすぐに進んでいった。昭恵はそのなかに、何ともいえない充実した気持ちを見出《みいだ》していた。

山口一区でトップ当選

平成五（一九九三）年六月十八日、宮澤喜一総理は衆議院を解散。七月四日、衆院選が公示された。

定数四の山口一区は、自民党からは大蔵大臣の林義郎（林芳正の父）、二期目を目指す河村建夫、新人の安倍晋三、社会党からは小川信が出馬した。

また、選挙直前に、竹下派（経世会《けいせいかい》）七奉行の主力メンバーであった小沢一郎や羽田孜《はたつとむ》らが自民党を飛び出して結成した新生党から新人の古賀敬章、細川護熙《もりひろ》が結成した日本新党から新人の江島潔、共産党から新人の田川章次、そして諸派の佐々木信夫も立候補した。
安倍陣営は、新生党や日本新党などの「改革派」の攻勢に対抗するための戦術として、「晋太郎の継承」を敢《あ》えて前面には出さず、ポスターには「チェンジ」の文字を入れた。庭に二千人以上も集めることができる巨大事務所を設営し、さらに名簿のチェックでは、ローラー作戦を展開した。

竹下登は、安倍のために自ら応援に駆けつけたいと思っていたが、このとき竹下は、迂闊《うかつ》に動けない事情を抱えていた。折しも、東京佐川急便事件に絡んだ、右翼団体・日本皇民《にほんこうみん》党のいわゆる「褒め殺し事件」の渦中にいたのだ。そのため世間の印象が悪く、竹下の応援は逆効果になる可能性もあった。

選挙を前に自民党を離党し、無所属になっていた竹下は、側近の小渕恵三《おぶちけいぞう》元幹事長に安倍の応援を依頼。小渕は快諾し、スケジュール調整をしてすぐに山口県に入った。

七月十八日の投開票日、下関の選挙事務所には、夕方から四百人を超える支援者たちが詰めかけた。安倍も、支援者たちと一緒にテレビの開票速報に見入っていた。

午後七時三十九分、開票一%の段階で早くも当確が出て、一斉に弾けるような拍手が湧き起こった。最終的に九万七千六百四十七票を獲得し、山口一区から出馬した八人のうちトップ当選を飾った。

安倍は、洋子と昭恵の支えるダルマの残された片方の目に黒々と墨を入れた。

昭恵の充実感は、達成感になった。このように満たされた思いは、昭恵の人生のなかで、初めてのことであった。

拉致問題を知ったのは秘書時代

国会議員になった安倍が最も力を入れていたのが、北朝鮮による拉致《らち》問題である。

安倍と被害者家族との関わりは早い。晋太郎の秘書時代に、北朝鮮に拉致された有本恵子の両親の訴えを聞いていた。

昭和六十三（一九八八）年十月初め、衆議院第一議員会館六〇二号室の晋太郎の部屋に、有本恵子の母・有本嘉代子が訪ねてきた。晋太郎の秘書・飯塚洋が、応対した。

有本嘉代子は、初めて親切に話を聞いてくれる人に会えて嬉しかったという。

有本は、晋太郎の事務所を訪れる一カ月前の九月六日午前十時ごろ、見知らぬ人からの電話を受けた。

「有本恵子さんのお宅ですか」

上ずった相手の声に驚いたが、反射的に「そうです」と答えた。

相手は、間髪容《かんはつい》れず、話し始めた。

「おたくのお嬢さんは、息子と一緒に、北朝鮮の平壌《ピョンヤン》にいるみたいです」

電話をかけてきたのは、石岡亨《とおる》の母だった。石岡は、日本大学を卒業したあとにヨーロッパに留学、昭和五十五（一九八〇）年七月ごろ、スペインのマドリッドで松木薫とともに消息を絶っていた。

その石岡が平壌で会ったポーランド人に託した手紙に、有本恵子と一緒に暮らしていると書いてあり、連絡先も書いてあった。石岡の母は、そのことをぜひとも有本に知らせようと電話をしてきたのである。

有本嘉代子は、びっくりしたのと同時にうれしかった。

北朝鮮にいるという恵子は、神戸市外国語大学を卒業して、昭和五十七（一九八二）年四月十日にロンドンに留学。語学学校「インターナショナルハウス」に入学した。しかし昭和五十八（一九八三）年八月九日、帰国するはずの恵子は帰ってこなかった。

ギリシャのアテネから発信された恵子の電報には、「仕事見つかる。帰国遅れる。恵子」とローマ字で書かれてあった。

その後、八月のお盆前に、「先に帰国延期の電報が届き心配しているのではと思い、お便りしています」の書き出しから始まる手紙が届いた。手紙には、ギリシャで市場調査のアルバイトをしていると書いてあったが、その後、恵子からの音信は絶えていた。

石岡の母は、嘉代子に言った。

「北朝鮮は、社会党だけにパイプがある。有本さんは、社会党の議員さんを知りませんか？」

数日後、石岡亨が北朝鮮から出した手紙のコピーが、有本夫妻のもとに届いた。手紙は、粗末な大学ノートを切り取ったような紙に書かれていて、小さく折り畳んだ折り目がついていた。裏には英文で「手紙を日本に送ってください」と書いてあったという。

石岡の母はすぐに送ってくれたのだろう、消印は九月七日となっていた。昭和五十八年八月に最後に届いた手紙以来、五年ぶりの、娘の恵子の生存を知らせる証《あかし》であった。

有本恵子の父・有本明弘と母・嘉代子は、それからまもなく、兵庫県西宮市《にしのみやし》今津曙町《いまづあけぼのちょう》にある土井たか子事務所を訪れた。土井は、昭和六十一（一九八六）年に社会党再生の重責を担って、日本初の女性党首として社会党委員長に就任。庶民派で「おたかさん」と呼ばれて人気を博していた。

土井たか子ならば、北朝鮮にパイプを持つ社会党の党首なので力を貸してくれるに違いない。そう思ってのことだった。

秘書に事情を説明して、恵子の安否確認と救出を頼んだ。秘書は「土井には伝えます」と言ったが、その後、土井事務所からは何の音沙汰もなかった。おそらく社会党には、有本夫妻が土井事務所に行く前に、北海道社会党から連絡が入っていたに違いない。政治にそれほど詳しくなかった有本夫妻は知らなかったが、確かに社会党は北朝鮮にパイプを持つものの、北朝鮮寄りの立場に立っていた。

有本明弘はこう思った。

「社会党は、すぐに動く気配を見せない。頬かむりするつもりやろな。所詮、社会党は野党や。

恵子たちを戻すよう交渉する力はない」

石岡亨からの手紙をもらった段階で、有本明弘はこう思っていた。

「これほどの問題を取り上げてもらおうとしたら、これはもう総理大臣に頼るしかない」

拉致被害者家族と面会して

それから有本夫妻は、何度か安倍晋太郎事務所に顔を出した。飯塚によると、そのとき晋太郎の秘書をしていた安倍晋三にも会ったという。

安倍晋三は、飯塚から有本の訴えを初めて聞いたとき、「独裁国家とはいえ、果たしてそんなことを国ぐるみでするだろうか」と半信半疑だったが、気になって北朝鮮に関する記事を調べてみると、当時から拉致の可能性を指摘しているマスコミもあった。

晋太郎の指示で晋三は飯塚とともに法務省と外務省を回り、担当者に掛け合ったが、いずれの担当者も、木で鼻を括《くく》ったような対応であった。それ以来、晋三は拉致問題に深い関心を寄せていった。

平成五年に国会議員になり、北朝鮮の犯行を確信していた晋三は、拉致問題の解決に向けて行動を起こしたが、相手にしてくれたのは、党内では衛藤晟一《えとうせいいち》と平沢勝栄《かつえい》、他党では、新進党の西村眞悟ら数人だけだった。

初めは小さな行動だったが、このことがなければ、平成十四（二〇〇二）年九月十七日の電撃的な日朝首脳会談に向かう過程で、拉致問題の解決を交渉の中心に据《す》えるまでには至らなかったであろうと安倍は自負している。

拉致被害者の家族たちは、ずいぶんとつらい思いをした。家族たちが初めて外務省の担当者と会ったのは、加藤良三《りょうぞう》アジア局長の時代であった。加藤は理解を示し、親切に対応したという。

だが、後任の槙田《まきた》邦彦のころから、拉致問題に取り組む姿勢は消極的になる。党内最大派閥・小渕派（経世会）の大幹部で、政界に隠然《いんぜん》たる力を誇示する親北朝鮮派、野中広務《ひろむ》らの意向もあり、外務省もいろいろとやりにくかったのではないかと、安倍は感じていた。

野中らは、北朝鮮へのコメ支援を推進していた。安倍らが、それに反対すると、党の幹部たちからいろいろと圧力がかかった。

自民党、社会党、新党さきがけ三党による、自社さ連立政権の時代である。幹部たちは、社会党に遠慮したのかもしれない。

しかし安倍は、そうした圧力をあまり気にしていなかった。

外務官僚を怒鳴りつけた

平成九（一九九七）年二月、横田めぐみの拉致疑惑が表面化した。

翌月には、安倍晋三らが中心になって「北朝鮮による拉致被害者家族連絡会」（家族会）が発足。四月十五日には、新進党四十九人、自民党八人、太陽党五人、民主党一人の超党派で「北朝鮮拉致疑惑日本人救援議員連盟」（拉致議連）の設立総会が開かれた。年功序列で旧中曽根派（政策科学研究所）の中山正暉《まさあき》を会長とし、安倍は事務局次長に就任した。

五月には、警察庁が北朝鮮による拉致疑惑は七件十人と公表。五月十六日、安倍は衆議院外務委員会で拉致問題について質問に立ち、以下のように訴えた。

「この拉致疑惑については、もうすでにずいぶん前から世の中ではそういう噂はありました。また、私の父の支援者のお嬢さん、有本恵子さんという方も実は拉致をされているわけでありますす。そのことは早くから知っていたわけでございますが、残念ながら、いままでマスコミもこのことは取り上げてこなかったというのも事実でございますし、また政府全体としても、正面から取り上げてこなかったのもそれは事実であると私は思います」

六月四日の外務委員会でも安倍は質問に立ち、自分が中心になって結成した「北朝鮮拉致疑惑日本人救援議員連盟」について語った。

「国会におきましても、『拉致疑惑に関する日本人及び日本人の家族に対する支援をする議員連盟』が発足いたしまして、たいへんな数の議員に参加をしていただきました。残念ながら、まだまだ自民党、新進党以外の皆さんには、あまりたくさんの皆さんには参加をしていただいていないわけでございますが、こうした議連が今後果たしていく役割はたいへん大きなものがあると思いますし、北朝鮮に対して大きなプレッシャーにもなる、こういうふうに思っております」

安倍は、さらに野中広務らによる北朝鮮へのコメ支援を皮肉った。

「北朝鮮に早く人道的な支援をしようという心優しい人たちがあまり参加をしていただいていないという皮肉な現状にあるわけでございますが、今後とも議連を通じて私も頑張っていきたい、このように思っておる次第でございます」

「北朝鮮に拉致された日本人を救出するための全国協議会」（救う会）常任副会長である西岡力《つとむ》（現・会長）と安倍との接点は古く、救う会の前身にあたる「北朝鮮に拉致された日本人を救出する会」が新潟県で発足した平成九年一月からのつき合いである。

拉致議連の事務局次長に就任した安倍は、新進党の西村眞悟、拉致議連幹事長を務める自民党の桜井新《しん》らと同じく、北朝鮮に対して強硬派路線を貫いていた。

十月、日本政府が北朝鮮に対し、国連の世界食糧計画（ＷＦＰ）を通じて二千七百万ドル（約三十三億円）、六・七万トンのコメ支援と、国際赤十字などに対する九千四百万円の医療関係の支援を行うことに猛然と反対したのも安倍である。

しかし、いくら反対しても、政府が北朝鮮への支援を行う方針を変えないと分かると、安倍は家族会と救う会のメンバーを、小渕恵三外務大臣に会わせようと動く。が、外務省はそれを渋った。

「俺は、父親が自民党幹事長だったころから、拉致問題に関わっているんだ。外務省は、少しもやってないじゃないか！」

安倍は結局、外務官僚を論破して、小渕外務大臣に会わせた。西岡らを救う会と家族会が、安倍を信頼し始めたのはそのころからである。

野中広務の圧力に屈しなかった

安倍は、さらに自民党外交部会に「日朝問題小委員会」を作り、小委員長には、鈴木俊一を据え、自らは事務局長に座った。

十月二十一日、自民党本部で小委員会の初会合を開いた。衆議院議員二十八人、参議院議員十一人が出席。十一月中旬に予定していた北朝鮮への与党代表団の派遣を中心に意見を交換した。

訪問団の事務局長格となる野中広務幹事長代理は、この初会合に敢えて出席してこう語った。

「（政府と党の）二元外交にならないようにやっていく。正常化交渉再開に向けた環境の整備が一つの目的だ」

これに対し、出席者からは、執行部の対応を非難する声が出された。

「与党訪朝団の派遣を新聞報道で知った。党の外交部会長にも連絡がないうちに、方針が決められているのは異常なことだ」

さらに、「日本人拉致疑惑を有耶無耶《うやむや》にして、国交正常化などすべきではない」「支援した食糧がきちんと配給されているか、確認作業をすべきだ」という過激な意見も出た。

安倍は拉致問題がクローズアップされる以前から、七～八人のグループで取り組んでいたが、当時は自民党ですら、拉致問題にまったく関心を寄せない議員がいた。「何をやっているのだ」と白い目で見られ、「右派の跳《は》ねっ返り」という印象を与えてしまうこともあったが、「国家とは」という軸がしっかりしている安倍は揺るがなかった。若手議員のなかでは、当時から珍しい存在であった。

しかし、日朝問題小委員会の発足からしばらくすると、加藤紘一幹事長や山崎拓《やまさきたく》政調会長ら幹部から、「小委員会は、開かないでほしい」と安倍に圧力がかかった。

逆らえば、どのような仕打ちを受けるか分からないが、安倍はその圧力を跳ね返し、小委員会を開き続けた。安倍から誘われ小委員会に参加していた山本一太《いちた》は、圧力を物ともしない安倍を見て、「安倍さんには、胆力がある」と感心した。

結局、小委員会は五回開催した。拉致問題などについて議論を活発に交《か》わしたほか、北朝鮮について詳しい野村旗守《はたる》らを招くこともあった。それでも開催するたびに圧力は強まり、強気の安倍をもってしても、ついに六回目は開けなかった。

「忘れられている」は禁句

平成九年の暮れ、二回生の衆議院議員の荒井広幸のもとに、やはり二回生で同じ三塚《みつづか》派（清和会）に所属、仲の良かった安倍から電話がかかってきた。安倍は、沈んだ声で言った。

「荒井ちゃん、実は俺、入院したんだよ」

ビックリした荒井が理由を訊くと、腰を痛めたのだという。

荒井は「じゃ、お見舞いに行くよ。それで、どこの病院？」と訊いた。すると安倍は「まだ誰にも言っていないのだけど、荒井ちゃんにだけは教えておくよ」と病院の場所を教えた。

永田町では、病気を隠す傾向がある。病気を明かせば政敵に足を引っ張られ、政治生命にも影響しかねない。それゆえ、安倍は親友の荒井にだけ、こっそりと病院を教えた。

荒井は、寝ながらでも読書ができる器具や、マンガ本などを適当に見繕《みつくろ》い、密かに安倍の病室を見舞った。

このとき安倍は国対副委員長であった。国対副委員長は、各派閥で枠が決まっており、若手議員にとって花形ポストの一つである。入院のため国対を離れることになった安倍は、三塚派の三塚博会長、大幹部の森喜朗らにこう進言した。

「私の後継の副委員長には、荒井さんを推薦します」

三塚らは、それを受け入れ、荒井を国対副委員長に指名した。荒井は、安倍の代わりに、国対副委員長として汗を流した。

安倍のこの時の入院は長引き、当初は病状も芳《かんば》しくなかった。一時は、体重が五十キロを割るほどまでに痩せてしまい、安倍の身を案じた昭恵が国会議員を引退するように提案するほどだった。

荒井も、安倍の病状を心配し、国対副委員長としての多忙な日程をこなす合い間で、たびたび安倍の入院する病院へと足を運んだ。

安倍の病室は、せまい個室である。

荒井が初めて見舞いに行ったときは、安倍の母親の洋子と昭恵夫人がその部屋に椅子を並べて、心配そうな顔をして座っていた。

荒井は二人の表情を見て、〈思っている以上に重病なのかもしれないな……〉と思った。

〈自分を信頼してくれたことを絶対に忘れてはいけない〉

安倍の入院からしばらくすると、国会閉会中でもないのに、国会でも、党本部でも、議員会館でも姿が見られない安倍について、永田町で噂が立った。永田町には、弱みがあれば足を引っ張ろうとする者が溢《あふ》れている。

荒井は、その噂話を病室の安倍に包み隠さず伝えた。

「安倍さん、永田町では、癌《がん》だって言われているよ」

安倍は、平然としていた。

その数週間後、荒井は、安倍に冗談めかしてこう言った。

「永田町では〝安倍さんは、死んだ〟って言われているよ」

これもまた、安倍は軽く受け流した。

それからさらに数週間後、何を言っても顔色一つ変えない安倍に対し、荒井は、悪戯心《いたずらごころ》で軽口を叩いた。

「安倍さんの存在は、もう永田町では忘れられているよ」

すると安倍は眉間《みけん》に皺《しわ》を寄せて、「そんなことは、ないだろう!」と怒りをあらわにした。

「〝癌だ〟とか〝死んだ〟とかでは怒らなかったのに、〝忘れられているよ〟という言葉で、こんなに怒るとは……」と荒井は、意外な気がしたが、その一方で「さすが政治家だな」と感じたという。

重かった病状も徐々に回復し、復帰に向けて、安倍が病院内を体力づくりで散歩するようになった頃のことだ。

安倍の隣の病室には、幼い少女が入院していた。だが、その時は少女の病室が空室になっていた。二人で廊下を歩いていて、荒井が空室になっていることに気づくと、安倍がポツリと言った。

「荒井ちゃん、実はあの女の子、亡くなったんだよ」

安倍は、空室となった隣室を見やりながら、さらに続けた。

「知らなかったけれど、亡くなったら、半日だけは部屋にお花を置いておくんだね。それで半日が経つと、お花が撤去されて、新しい患者さんが入院してくるんだ」

荒井は、その時のなんともいえない寂しそうな表情を浮かべた安倍のことが忘れられなかった。

〈安倍さんは常に病気との戦いの中で、人への思いやりを深めつつ、日々、白刃の上を歩いているような気持ちを持ち続けていたんじゃないか……〉

数カ月の入院生活を経て、安倍は、ようやく国政に復帰した。荒井はまるで自分のことのように嬉しく、安倍の退院を祝うとともに、「国対副委員長として頑張ってよ」と伝えた。

安倍がキョトンとしていたので、荒井は「こうして元気に戻ってきたのだから、元に戻すのは当たり前でしょう」と説明した。

安倍が不思議がるのも無理はなかった。自民党ではこういった場合、ポストを譲り受けたものが、そのままそのポストに座り続けるのが常識である。国対副委員長という花形ポストならなおさらだ。簡単に手放す者はいない。

ところが、荒井は自分にポストを返してくれるというのだ。生き馬の目を抜く永田町では、到底考えられないことであった。安倍は後年、このことを自分と荒井の友情関係がいかに深いかを示すエピソードとして、講演などで披露している。

安倍は、荒井に「腰が痛い」と打ち明けていたが、実は持病の潰瘍性《かいようせい》大腸炎が悪化して入院していたのである。

潰瘍性大腸炎は自己免疫性疾患の一つで、大腸に次々と潰瘍ができて、そこから出血をする難病である。安倍は中学時代に発症していた。のちにこの持病のせいで、第一次安倍政権、第二次安倍政権を途中で投げ出さざるを得なくなる。

退院後まもなく、安倍は荒井を河口湖の別荘に招待した。入院時にお世話になったので、せめてそのお礼にという意味だった。「家族で遊びにおいでよ」と誘われたが、荒井の妻は、まだ子供が幼いため遠出はできず、一人で別荘に遊びに出かけた。

別荘の玄関前では、安倍夫妻、母の洋子、それに大きなゴールデンレトリバー犬のロンが尻尾《しっぽ》を振りながら出迎えてくれ、安倍が別荘のなかを案内してくれた。

「この部屋で、親父（安倍晋太郎）やお祖父《じい》さん（岸信介）が、そのときどきの重要人物と会談したんだよ」

共働きの普通の家庭に生まれた荒井は、戦後政治史の一端を垣間見《かいまみ》て、感激したという。

官房副長官に就任

平成十二（二〇〇〇）年七月四日、第二次森喜朗内閣が発足。官房長官に内定した中川秀直《ひでなお》は、森総理と官房副長官の人事について相談した。衆議院から起用される官房副長官は、橋本龍太郎内閣では与謝野馨《よさのかおる》や額賀福志郎《ぬかがふくしろう》、小渕恵三内閣では鈴木宗男が務めたように、中堅クラスが担うのが通例だ。

当時、四回生の福田康夫をはじめ複数の候補の名前が挙がった。

だが、中川は森に進言した。

「福田さんは、次の官房長官。副長官は、若手を育てましょう。私は、安倍くんがいいと思います」

当時の安倍は三回生だったため、「荷が重いのではないか」との声もあったが、森総理は、「それじゃ、そうしよう」と頷《うなず》いた。

安倍も、官房副長官への抜擢《ばってき》を素直に喜んだ。

中川は安倍晋太郎に恩義を感じている。日経新聞の政治部記者だった中川は、義父・中川俊《しゅん》思《じ》の死去により国政を目指すが、自民党の公認を得られず、昭和五十一（一九七六）年十二月の衆院選には新自由クラブから出馬して初当選した。しかし昭和五十四（一九七九）年十月の衆院選で落選すると、新自由クラブを離党。昭和五十五（一九八〇）年六月の総選挙には無所属で出馬し、当選した。

「しばらく選挙はないから無所属でいよう」と思っていたところ、福田派（清和会）のプリンスだった安倍晋太郎から人を介して誘われ、自民党に入党したのである。

安倍の官房副長官就任を受けて、山本一太のような安倍に心酔していた議員は、自分のことのように喜んだ。

しかし当時、周囲の安倍に対する評価は意外と低く「安倍さんは地味だ」という声もあった。

だが中川によると、安倍は官房副長官になると手腕を発揮、中川を懸命にバックアップしたという。国会を円滑に運営するため議院運営委員会や国会対策委員会などに小まめに顔を出し、逐一《ちくいち》、連絡を入れてくれた。また、自民党の若手議員の意見や考えを聞き、官邸にいてはなかなか入りにくい生の情報を報告した。

ところが中川自身が愛人問題などのスキャンダルを理由に、平成十二（二〇〇〇）年十二月二十七日に官房長官を辞職。中川の辞任を受けて、森は、森派（清和会）の会長を務めていた小泉純一郎と相談し、後任の官房長官は、当選四回生の福田康夫を指名することに決めた。

森も、小泉も、お互いに福田の父・福田赳夫《たけお》元総理のもとで修業を積んできた。この際、恩返しのいいチャンスだと思い、福田を官房長官に据えたのである。森と小泉は、協力して福田と安倍のために働ける場を作ったことになる。

森内閣は、発足時こそ支持率は四〇％を超えていたが、五月十五日、ホテルニューオータニで開かれた「神道政治連盟国会議員懇談会」結成三十周年記念祝賀会の挨拶が問題視された。

「日本の国、まさに天皇を中心としている神の国であるぞということを国民の皆さんにしっかりと承知していただく、その思いでですね、私たちが活動して三十年になったわけでございます」

冷静に考えれば、森の言っていることは間違ってはいない。しかし多くのメディアがこの発言を批判的に取り上げ、支持率は瞬く間に低迷した。

十一月には、「森総理では平成十三（二〇〇一）年夏の参院選は戦えない」と加藤紘一と山﨑拓が、森に退陣を迫るいわゆる「加藤の乱」を起こす。

さらに平成十三（二〇〇一）年二月にハワイ沖で起こった、愛媛県立宇和島《うわじま》水産高校の実習船・えひめ丸と米原子力潜水艦の衝突事故後の対応の遅れで、森は国民から非難を浴びた。森内閣は、もはや風前《ふうぜん》の灯火《ともしび》となり、森を支えるべき森内閣の閣僚はおろか、出身派閥である森派の幹部ですら匙《さじ》を投げていた。

そんななか、官房副長官の安倍だけは、最後まで森を必死に庇《かば》い続けた。

拉致問題がつないだ縁

官房副長官時代の安倍が目をかけたのが、のちに安倍政権で文部科学大臣を務める萩生田光一《はぎうだ》だ。

二人の出会いは、萩生田が八王子市議会議員だった二十年以上前まで遡《さかのぼ》る。

昭和六十二（一九八七）年に明治大学を卒業した萩生田は、大学在学中から黒須隆一八王子市議（のち都議、八王子市長）の秘書を務め、平成三（一九九一）年に弱冠《じやつかん》二十七歳の最年少で八王子市議になった。

その後、平成十三（二〇〇一）年に都議会議員に転身するまで三期十年務めている。

萩生田は安倍との出会いをこう振り返る。

「安倍さんとの出会いは、市議として二期目の平成九（一九九七）年ごろのことです。きっかけは、安倍さんが熱心に取り組んでいた北朝鮮による拉致問題でした。

あるとき私のもとに、拉致被害者の蓮池《はすいけ》薫さんのお母さんと、支援者の方が訪ねてこられました。蓮池薫さんは、被害に遭われた当時、私の選挙区の八王子市にキャンパスがある中央大学に通っていたので、八王子に住んでいたのです。蓮池さんは、市内にアパートを借りたまま、新潟に帰省した際に、交際相手だった奥土祐木子《おくどゆきこ》さんと一緒に拉致された。

当時は、まだ日本政府が拉致被害者を認定していませんでしたから、お母さんと支援者の相談を受けて、私は北朝鮮による拉致被害の真相究明を求める意見書を八王子市議会に提出して、可決されたのです。

ただ、可決後、朝鮮総連から猛抗議を受けて、事務所にもたくさんＦＡＸが送り付けられてきました。あまりに反応が凄《すさ》まじいので、困って自民党本部に相談すると、対応してくれたのが、まだ当選二回の若手だった安倍さんだったのです」

安倍は、萩生田の行動に賛同し、激励してくれた。

「お父さんの安倍晋太郎さんのことは知っていましたが、安倍さんのことはあまり知りませんでした。でも、会ってみると、物腰は柔らかいけれど、明確な国家観を持ち、拉致問題についても誰よりも熱心に取り組んでいる。〝一緒にこの問題に取り組んでほしい〟と言われて、それ以来、親しくさせてもらっています」

安倍と萩生田はなぜ気が合ったのか。

「なぜこんなに安倍さんと気が合ったのかは自分でも分かりませんが、日本をどのような国にしたいのか、という点では一致していました。私も安倍さんも、世界から尊敬や信頼を集めて、日本を国民が幸せを感じられる国にしたいという強い思いを持っていましたから」

安倍との出会いは、萩生田光一にとって、一つの転機となる。

国政への意欲はなかった萩生田だが、安倍が「国政で一緒にやろう」と誘ったこともあり、国政を目指していく。

平成十三（二〇〇一）年六月の都議会議員選挙で当選し、その二年後の平成十五（二〇〇三）年十一月の衆院選で東京二十四区から自民党公認で初当選を飾る。

「都議会議員選挙に出たときも、小泉政権の官房副長官だった安倍さんは、忙しいなか、わざわざ応援に来てくれました。その後、安倍さんに〝国政で一緒にやろう〟と誘われて、衆院選に挑戦したのです。私の初めての衆院選のときは、安倍さんが自民党幹事長でしたので、そのときも熱心に応援してくれました」

生い立ちはまったく異なる安倍と萩生田だが、萩生田によると、安倍は境遇の異なる萩生田の言葉に耳を傾ける度量があったという。

「安倍さんは、自分が知らないことについては、人の話を熱心に聞くのです。その姿勢を凄いなあ、と思っていました。たとえば、安倍さんは小中高から大学まで成蹊《せいけい》ですから、ずっと私立。公立の学校のことをほとんど知りません。一方、私自身は、小中は公立で、子供たちも公立の学校に通わせていましたから、公立の学校の実態を知っています。私が公立の問題点を話すと安倍さんは驚きながらも、丁寧に聞いてくれました。政策に反映してくれたこともちろんあります」

実際、安倍は、萩生田の訴えに耳を傾け、授業料減免と給付型奨学金をセットにした高等教育の就学支援制度や、幼児教育や私立高校の実質無償化などに取り組んでいる。

小泉純一郎を口説き落とした

平成十三年四月、小泉純一郎は、森総理の退陣を受けて、自民党総裁選に立候補した。小泉にとって三回目の挑戦である。

麻生太郎、橋本龍太郎、亀井静香の四人の戦いであった。

小泉の立候補を受けて、安倍は「一回目、二回目とは違い、今回は勝てる可能性がある」と思ったという。

自民党の数の論理でいけば、党内最大派閥の橋本派（平成研究会）が擁立する橋本龍太郎が優勢だった。小泉が勝つには、自民党がギリギリまで追い詰められ、政権を失うかもしれないという状況にならないと難しい。七月の参院選を前に、自民党はまさにそのような状況になっていた。小泉には、国民的な人気がある。国民は明らかに、ある種の閉塞感《へいそくかん》のなかで改革を求めていたのだ。

小泉は、総裁選で盛んに街頭演説を展開した。あるとき、安倍は小泉に疑問に思っていたことを口にした。

「街頭演説をしても、そのなかに党員が何人いるか分からないじゃないですか。それよりも、党員を集めた講演会などで演説したほうがいいのではないですか」

小泉は、首を振った。

「安倍くん、それは違う。あの街頭演説での熱気は、普通ではないのだよ」

確かに小泉の街頭演説に同行した仲間の議員の話を聞くと、皆、異口同音《いくどうおん》に興奮した口調でいった。

「これは、大変なものだよ」

結果的には、小泉の見方は正しかった。国民の熱気が党員を動かし、地方票は小泉の地滑り的大勝となる。それが、さらに国会議員にも伝わっていった。このようなケースは、自民党の歴史上、初めてのことである。橋本龍太郎にも、国民的な人気があったが、この総裁選での小泉人気は、そのレベルをはるかに超えていた。

この総裁選では、都道府県連の持ち票を従来の一票から三票に拡大した。仮に国会議員票で橋本に負けても、党員票で逆転することも十分に可能となった。しかし、勝利をより確実なものにするためには、やはり永田町で多数派を形成する必要がある。

安倍は「何とか、亀井さんと手を結べないものだろうか」と思案していた。

総裁選に立候補した江藤・亀井派（志帥会《しすいかい》）会長代行の亀井静香は、もともとは清和会の人間である。平成十（一九九八）年九月に清和会から独立するまで小泉と同じ釜の飯を食った。「経世会VS.清和研」という構図にあって、小泉と提携できるのは亀井しかいなかった。

安倍は「何とか、亀井さんに会ってもらえないでしょうか」と小泉に進言した。

しかし小泉は、躊躇《ちゅうちょ》した。

安倍はその一方で、アサヒビールの樋口廣太郎《ひろたろう》名誉会長など財界人にも頼み、亀井側に働きかけをしてもらった。

総裁選の投開票日が近づくなか、安倍はもう一度、小泉に進言する。

「亀井さんと会ってください。それが、この勝負を決しますよ」

小泉は、ようやく踏ん切りがついたようで、「セットしてみてくれ」と安倍に頼んだ。

四月二十二日夜、東京全日空ホテル（現・ANAインターコンチネンタルホテル東京）の一室で小泉・亀井会談が行われた。総裁選当日の四月二十四日午前にも、二人は、同じ部屋で会談。いずれの会談も、番記者に気づかれぬように極秘裏に行われ、外に漏《も》れることはなかった。

会談の結果、亀井は総裁選を辞退し、小泉の支援に回る。そして小泉は、地方票百二十三票、国会議員票百七十五票、合わせて二百九十八票を獲得。得票数が過半数に達し、新総裁に選出された。

小泉と亀井をくっつけた安倍は、小泉内閣でも官房副長官に再任された。

新拉致議連を発足

平成十四（二〇〇二）年四月、新たに「北朝鮮に拉致された日本人を早期に救出するために行動する議員連盟」（新拉致議連）が超党派で発足した。北朝鮮に対して、それ以前の融和路線ではなく、拉致事件の解決をより強く求める姿勢を打ち出し、拉致に毅然として対応する強硬路線へ転換を図ったのである。

新拉致議連の中心的な役割を果たしたのは、中川昭一と安倍であった。中川は「安倍さんたちが拉致問題について井戸を掘らなければ、そう簡単には組織化できなかったかもしれない」と考えていた。

中川と安倍は、新拉致議連を発足するにあたり、誰を会長にするか話し合った。中川は、「日本の前途と歴史教育を考える若手議員の会」の会長を務めている。安倍は、官房副長官として内閣にいる。二人のうちどちらかが会長になれば、「また、中川か」「また、安倍か」となり、自民党は人材不足のように思われる。そこで、石破茂に会長を引き受けてもらうことにした。

拉致問題は、交渉する相手が北朝鮮なだけに、新拉致議連の考えをきちんとまとめて外に発信し、ある意味では北朝鮮に対抗していかなければならない。ただし、有志によるお手伝い役のようなもので、窓口はあくまで政府である。官房副長官の安倍とのコンビネーションが大事であり、その点はうまくいったと中川は自負していた。

四月二十五日、新拉致議連の設立総会が国会内で開かれた。会長に総会には、社民・共産両党を除く衆参国会議員三十一人と、代理三十人が出席した。会長に自民党の石破茂、幹事長に自由党の西村眞悟、事務局長に自民党の平沢勝栄、事務局次長に民主党の松原仁《じん》を選出。民主党保守派のリーダーの一人であった上田清司《きよし》は、民主党議員のまとめ役的存在として活動に加わり、筆頭副会長を務めた。

なお、石破は、この年の九月に防衛庁長官に就任したことに伴い会長を辞任、中川が後継の会長に就任する。

安倍は秘書から議員になってもなお、拉致問題に力を入れていた。当時、昭恵はそんな夫を見て、不安に思っていた。あるとき、安倍に「万が一、北朝鮮問題に関わったばかりに、危険な目に遭ったらどうするの？」と訊いたことがある。

安倍は答えは明解だった。

「政治は、命がけでやるものだ。そのときは、とにかく立派なコメントを出してくれ」

昭恵は、「いやね、縁起でもない」といい、その場を笑ってごまかしたが、夫の覚悟のほどを改めて知り、胸が引き締まる思いだった。

小泉訪朝に同行

八月三十日、「小泉総理訪朝」という衝撃的なニュースが永田町を駆け巡った。

総理の外遊は、基本的に衆参の官房副長官が交代で同行する。小泉は、官房副長官の安倍を呼び、「この問題については、きみにやってもらいたいと思っている」と命じた。

安倍は、小泉とともに北朝鮮まで行くことになった。拉致被害者の横田めぐみの父・横田滋《しげる》は「家族会で信頼している安倍官房副長官が北朝鮮に行くのであれば、安心だ」と思ったという。

小泉は、九月十七日午前九時五十分、会談場所となる北朝鮮・平壌市内の百花園迎賓館に先着した。その直後、北朝鮮外務省の第四局・馬哲洙は、外務省アジア大洋州局長の田中均《ひとし》にA4用紙二枚の「安否リスト」を手渡した。

リストはハングルで書かれており、最初に「生存者四人」、次いで「死亡者八人」、「わが領域内に入ったことがない対象一人」(行方不明者)、そして「日本側の名簿になかった一人の生存」、計十四人の氏名や生年月日、安否情報が記載されていた。死亡者については死亡年月日も記されている。田中は急いで安倍を別室に連れ出して報告した。

田中の話を聞いた安倍は「有本恵子さんは、横田めぐみさんは、どうなったのか?」と訊いた。

田中は、暗澹《あんたん》たる表情で「(安否リストに記載された)五人以外は、亡くなっています」と答えた。

安倍は、その情報を聞かされたとき、大きなショックを受けた。国会議員になって以来、この問題を積極的に取り上げてきた。被害者家族との交流もある。その方々のことが頭に浮かんだ。心が震えるような思いだった。

安倍は、田中に言った。

「すぐ総理に伝えなければ……」

安倍は、別室から田中を連れ小泉総理の待つ部屋へ戻って、事実を告げた。

さすがの小泉も言葉を失う。

安倍は、直《ただ》ちに日本にいる福田康夫官房長官にも電話で伝え、「家族への説明を、考えておいてください」と要請した。

金正日の謝罪が日朝平壌宣言の条件

小泉の到着からしばらくして、金正日《キムジョンイル》総書記が百花園迎賓館に黒塗りの車で到着した。

先着していた小泉は、正面入口で直立して待ち受けた。安倍は、前もって小泉総理に「金正日に向かって、絶対に頭を下げてはいけない。それを写真に撮られたらまずい」と伝えていた。

金は、小泉にまっすぐ歩み寄り、少しだけ笑みを見せながら「パンガプスムニダ」(お会いできて嬉しいです)と声をかけて握手を交わした。声はやや小さかった。

金はこれまで金大中《キムデジュン》韓国大統領、プーチン露大統領らの外国首脳と会談し、闊達《かったつ》な指導者のイメージを振りまいてきたが、このときは、国交正常化の道筋がつくかどうかの正念場だけに、やや緊張気味に見え、その表情は硬かった。

金と小泉は、肩を並べて廊下を歩き、会談場に向かう。ただし、二人ともまっすぐ前を見つめ、特に話も交わさない。日本側が、廊下の途中で外務省幹部を紹介した。金は右手を出して握手に応じたが、まともに幹部の顔を見ようともせず、会談場に入り、席に着いた。

会談は午前十一時三分から始まった。小泉は会談中、青ざめた、そして強張《こわば》った表情で、拉致被害者八人の死亡について金に迫った。

「直前の事務協議で情報提供がなされたことに留意するが、国民の利益と安全に責任を持つ者として、大きなショックであり、強く抗議する。家族の気持ちを思うと居た堪《たま》れない」

午前の会談は予定より三十分早く、わずか一時間の午後十二時五分に終了した。

首脳控室に戻った小泉ら一行は、北朝鮮の昼食の誘いを断り、日本から持ち込んだ幕の内弁当を開いた。水も日本から持参していた。北朝鮮が用意した飲み物も飲まないという徹底ぶりであった。薬物を混ぜ、日本側の体調を悪くして、突然、夜中に交渉を再開しようとするかもしれないからだ。

また、日本側の控室は、北朝鮮側に盗聴されているかもしれない。そのため、控室のなかでは絶対に重要な話はしなかった。どうしても必要なときは、メモ書きを回した。庭に出て小声で話そうとさえ考えていた。

安倍は、盗聴されていることを百も承知で、小泉総理に迫った。

「被害者全員の情報を伝えてきたのは、予想以上の成果ですが、（日本側が拉致と認定している）

八人が亡くなっているのは、非常に重い事実です。総書記の謝罪と、どういうことだったのかという説明がない限り、共同宣言（日朝平壌宣言）への調印は考え直すべきです」

高野紀元《としゆき》外務審議官もそれに同調したが、田中均外務省アジア大洋州局長は、何も言わず黙っていた。

握り飯を一つ摘《つま》んだところで手を止めた小泉は、椅子に座って、テーブルの一点を四十分近くジッと見つめ続けていた。

午後二時四分から、首脳会談が再開された。金が小泉総理にいきなり切り出した。

「行方不明と言ってきたが、拉致だった。素直にお詫びしたい」

これまで否定してきた拉致を認め、謝罪してきたのだ。安倍が小泉に迫ったことを、盗聴していたとしか思えない発言であった。

ともあれ、金が拉致を認め、謝罪したことで、日本は日朝平壌宣言に調印し、国交正常化交渉を再開するという判断に至った。

安倍はこの首脳会談を通じて、金について「喋っている中身はなかなか論理的だし、合理的な判断のできる人だな」と感じたという。

もちろん、そのことは彼の人格とは別だ。アドルフ・ヒトラーだって頭脳は明晰《めいせき》だし、合理的な判断はできた。

新拉致議連を安倍と中心になって立ち上げた中川昭一は、「安倍晋三は、普通の官房副長官をはるかに超えた情熱と実力をもって、北朝鮮による拉致問題に取り組んだ」と高く評価し、以下のように語った。

「北朝鮮での日朝首脳会談でも、安倍さんが同行していなければ、とんでもないことになっていた。小泉総理に同行した外務省のチームは、放っておけば何をするか分からないチームだった。安倍さんがいなかったら、小泉総理にとっても、日本にとっても、大変な汚点を残すところだったのではないか」

北朝鮮が拉致を認めたのは、安倍が行政におけるリーダーシップを発揮し、関係者と深い信頼関係を築いていたからだ。外交は、小さなことでも見過ごすわけにはいかない。そのことが、将来、大きな火種になりかねない。平壌での数時間、安倍は、当たり前のことを当たり前にするために、ずいぶん努力したと中川は聞いていた。

小泉内閣で規制改革担当大臣を務めていた石原伸晃《のぶてる》も、中川と同じ見方をしている。

「もし安倍さんが官房副長官として日朝首脳会談に同行しなかったら、果たして北朝鮮が拉致を認めたかどうか。小泉総理もぶれない人物だが、安倍さんは、小泉総理に的確なアドバイスを送った」

北朝鮮から帰国して向かったのは

北朝鮮から帰国した安倍は、「明日の朝一番に、被害者家族の皆さんに報告しなければいけない」と考えていた。

九月十八日朝、「救う会」の西岡力は、安倍の秘書から驚くべきことを聞かされた。

「(安倍)官房副長官が、いまからそちらに伺います」

西岡は思わず「ここにですか?」と聞き返した。家族会のメンバーとともに、港区芝にあるホテル三田会館(現・ローズステイ東京芝公園)に二日前から泊まっていた。

西岡は、「忙しいはずの官房副長官が、帰国して最初の朝に、まず家族のところに来てくれるとは……」と感激し、家族たちに安倍が来ることを伝えて回った。

前日の九月十七日、拉致されたと見られていた八件十一人を含む計十四人の消息が明らかになっていた。港区にある飯倉公館に呼び出された拉致被害者の家族たちは、「慎重に確認作業をしています」と言われ、一時間ほど待たされた。そのあと、家族それぞれが順番に別室に呼ばれ、福田康夫官房長官から安否を言い渡された。

蓮池薫、奥土祐木子、地村保志《ちむらやすし》、浜本富貴恵《ふきえ》の四人と、名簿に載っていなかった曽我ひとみ、五人の生存が確認されたが、残る横田めぐみ、有本恵子、石岡亨、松木薫、原敕晁《ただあき》、田口八重子、市川修一、増元るみ子の八人は死亡したと言われていた。

被害者家族は、死亡したという拉致被害者については、小泉とともに遺骨が戻ってくるのではないかと思っていた。それも、帰ってこない。もっと詳しい状況を聞きたいと、小泉との面会も要求していたものの、小泉は「十日ぐらいあとに会う」とすぐに会おうとはしなかった。

だが安倍は、午前九時過ぎに三田会館を訪れ、急遽《きゅうきょ》借りたホテルの会議室で家族と対面した。

安倍は開口一番、言った。

「ご家族にまずお話をしないといけないと思って来ました」

娘や息子が亡くなったと知らされた家族は、「死因は何ですか」と安倍をせっつく。しかし安倍は、「分かりません。自分のところには、外務省から情報が上がってきていないのです」としか答えられなかった。

安倍は、一つひとつの質問に真摯《しんし》に答えたが、「分からない」の言葉が繰り返された。家族の知りたいことは、まったく明らかになっていなかったのだ。

苛立《いらだ》った西岡は思わず、大きな声で安倍に詰め寄った。

「北朝鮮の安否情報は、確認を取ったのですか。我々は、遺骨くらいは帰ってくると思っていたのに、帰ってこない。しかも、交渉にいった人が、分からないことばかりではおかしいじゃないですか」

「確認は取っていません。確認作業はできませんでした」

西岡にとって安倍の話で印象的だったのは、首脳会談中の昼の休憩の話だった。

休憩中、外務省官僚が、安倍たちに言った。

「生存者四人と、めぐみさんの娘の確認に行きます」

「総理がここにいるのだから、ここに連れてきてもらえ」

すると外務省官僚は、「ちょっと遠くにいるので、連れてこられません」と言う。安倍は「では、私が確認に行きましょう」と答えた。しかし、四人は安倍との面会を拒んだという。

西岡がのちに蓮池や地村から聞いたところによると、外務省官僚は、嘘を言っていた。生存者は、目と鼻の先、平壌市内の高級マンションにいたのである。しかも、日本の情報など入らない北朝鮮で、安倍の情報が拉致被害者たちに伝わるわけがない。にもかかわらず、拉致被害者が、安倍のことを拒むのはおかしい。

そのようなやりとりをするうち、午後の会談が始まる時間となった。安倍は、心残りだったが、確認作業は外務省に任せることにした。

平成二（一九九〇）年の金丸《かねまる》訪朝の際のこともある。金丸が訪朝したとき、訪朝団はあくまでも、金丸と社会党委員長の田辺誠を団長としていた。ところが、金日成《キムイルソン》の別荘に連れていかれ、金日成と会談をしたのは金丸ただ一人だった。しかも、金丸は日本側の通訳も連れていかずに、単独で会談したのである。

そのこともあって、安倍は「総理の行くところは、トイレまでついていけ」とまで言われていた。その時も小泉を一人にはできないと判断し、外務省から確認作業に行ったのは、当時イギリス大使館公使だった梅本和義であった。

梅本は元北東アジア課長だったが、平壌に呼ばれたのは、先乗りとして、車、部屋の手配などを担当していたにすぎない。北朝鮮や拉致問題の事情には疎《うと》かった。

だから家族会の人たちに、ちゃんと確認したのか訊かれ、安倍は「こちら側は、確認できていません」としか答えられなかった。家族会のメンバーは、「北朝鮮へ行って、直接自分たちの目で確かめたい」と安倍に頼み、安倍は「何とかしましょう」と即答した。

横田滋は「昨日、めぐみに娘がいると聞いたのですが、その女の子の名前と、いくつなのか分かりませんか？」と質問した。

安倍はその場で、携帯電話で外務省に電話を入れ、横田夫妻の孫にあたるその女の子の名前と年齢を調べるように指示した。

安倍からは、十数日後に連絡が来た。横田めぐみの娘の名前はキム・ヘギョンで、年齢は十五歳。キム・ヘギョンの話では、彼女が五〜六歳のときに、母（横田めぐみ）は亡くなったという。横田めぐみの現地での名は、ユ・ミンシュクだということも分かった。

拉致被害者家族は安倍に感謝した

家族会が「政府内に省庁を横断する連絡会を作ってほしい」と頼んだことに対しても、安倍は、直ちに動いた。

小泉の訪朝から九日後の平成十四年九月二十六日、拉致事件に関する専門幹事会として、内閣官房に支援対策室が設置された。拉致事件の全容解明に向け、政府の態勢整備や被害者家族に対する支援策などを検討するためのものだ。安倍はその責任者である議長に就任した。

九月二十七日午後、拉致家族たちは、ようやく小泉と面会できた。小泉は、十月に再開される日朝国交正常化交渉に関して、「拉致事件の解決が、正常化の前提です」と日本の立場を重ねて表明した。

有本明弘は、みんなが発言を終えたあと、安倍に遠慮なく思いの丈《たけ》をぶつけた。

「小泉総理は、北朝鮮で生きている人たちを見殺しにするのか」

しかし、有本は「安倍さんは、政府のなかで唯一と言っていいほど拉致被害者家族会の立場に立ってくれている」と安倍に感謝もしている。

周りの政府関係者が、拉致問題に関わる活動に反対するなかで、安倍の存在は大きかった。だが、安倍にあまりに接触を続けると、安倍の立場が悪くなるかもしれない。家族会のメンバーは、それを気遣って、個人的には会わないようにしていた。

そんな中で安倍は、家族会が開かれるときには必ず連絡をくれて、北朝鮮とどんな交渉を進めているかなど、そのときの状況を説明してくれた。横田夫妻は、赤坂プリンスホテルで食事をしながら話したこともある。常に拉致被害者の立場に立って、物事を進めてくれた。

「帰国した五人を返さない」という判断

平成十四（二〇〇二）年十月十五日、拉致被害者の蓮池薫・祐木子夫妻、地村保志・富貴恵夫妻、曽我ひとみの五人が帰国した。当初は「一時帰国」の予定だったが、五人はそのまま日本に留まることになった。

五人の帰国を受けて、安倍は、総理官邸に日朝国交正常化交渉担当大使の鈴木勝也、外務省アジア大洋州局長の田中均、外務省アジア大洋州局参事官の齋木昭隆《さいきあきたか》、北東アジア課長の平松賢司、官房副長官補の谷内《やち》正太郎と中山恭子を集めた。

安倍は、「五人を返さないという選択肢も考えたい」と切り出し、中山も安倍と歩調を合わせた。

「本人たちの意思はまだ申し上げられませんが、安倍さんの言うとおりです」

しかし、田中均は「北朝鮮はキレやすい相手だ。そこを考えてほしい」と異論を唱えた。

議論は、当然のごとく平行線をたどったが、谷内がこれまでの流れを小泉に説明し、「五人は、政府の意思として戻さないと決めます」と言い、それを受けて小泉も「よし、それでいこう」と同意した。

最終的に安倍らの意見が通ったのは、核開発を巡って国民の北朝鮮に対する不信感が頂点に達したことが大きかった。

安倍は、平成十五（二〇〇三）年一月二十五日、千葉県市原市内で講演し、北朝鮮による日本人拉致事件について、朝日新聞を強烈に批判した。

「朝日新聞の元旦の社説に、〝拉致問題は原則論をいうだけでなく落としどころを考えろ〟との論調があった。（死亡したとされる）被害者八人のことは忘れろ、というのと同じことを言っている。こういう論調が、我々が主張を通す障害になっている」

安倍は、朝日新聞の論調がよほど許しがたかったのであろう。

拉致問題に奔走した安倍は、党内で高い評価を受け、この後、活躍の場をどんどん広げることになる。

2003年10月10日、自民党本部前に衆議院選挙本部の看板を掲げ小泉純一郎首相（中央）、山崎拓副総裁と共に気勢を上げる

第4章

異例のスピード出世

安倍の新しいポストは

平成十五（二〇〇三）年九月二十日夜、夕方から降り始めた雨のなか、森派（清和研《せいわけん》）幹部の町村信孝《のぶたか》らは森の事務所に集まった。森が、安倍に声をかけた。

「安倍ちゃん、今度は、副幹事長として党務をしっかり頼むよ」

森は、周りの者にも、安倍が次は副幹事長だということを明らかにしたのである。

安倍はその夜、渋谷区富ヶ谷の自宅に帰り、眠りにつこうとした。

日付が変わろうとしたとき、安倍の携帯電話が鳴った。電話に出ると、なんと小泉総理からだった。

「きみに重要な役職をやってもらおうと思うから、逃げないように」

小泉はそれだけ言うと、電話をブチッと切った。

安倍は、森から「副幹事長として党務をしっかり頼むよ」と言われ、すっかりその気でいた。各派閥から満遍《まんべん》なく選ばれる副幹事長は、副大臣、政務官人事を担当する。

森派の推薦リストをもらった安倍は、ここ数日、誰をどのポストに押し込むか、いろいろと考えていた。そこへ、小泉総理からの電話である。

安倍は、ぼんやりと考えた。

「重要な役職って、いったい何だろう。ひょっとすると、大臣かな……」

幹事長抜擢

九月二十一日の日曜日、幹事長の山崎拓《やまさきたく》は、田原総一朗司会の朝の報道番組「サンデープロジェクト」(テレビ朝日)の出演を終えた。まるで今後起こるであろうことを暗示するかのような豪雨のなかを、東五反田《ひがしごたんだ》の総理仮公邸に向かった。

小泉は、盟友の山崎に「副総裁をお願いしたい」と告げ、山崎は、「虚心坦懐《きょしんたんかい》で、総裁の判断に任せます」と受け入れた。

「後任の幹事長は?」

「安倍だ」

小泉はその場から、世田谷区瀬田《せた》の森の家に電話を入れ、「幹事長を代える」と伝えた。それを聞いた森は、ホッとしたと言う。

ところが、次の瞬間、小泉は、驚くべき言葉を口にした。

「幹事長は、安倍くんにしたい」

森は仰天《ぎょうてん》した。何しろ安倍はまだ三回生だ。閣僚経験もない。

小泉は続けた。

「あと十分したら安倍に電話するから、あなたからも口説いておいてくれ。ただし、絶対に断らせないようにしてほしい」

森は、すぐさま安倍に連絡を入れた。

「晋ちゃん、きみは幹事長だ」

副幹事長だと思いこんでいた安倍は、電話の向こうで絶句し、一呼吸おいて、「会長、本当ですか……」と言葉を継いだ。

「本当だとも。俺もそれはいいと思うから、受けなさい。こんなものは、そのときの政治の流れだ。受けなければいけない。きみは、あくまでも選挙の顔として幹事長に招かれるのだから、選挙に専念すればいい。近く行われる総選挙で自民党が負けたら、その責任を取ってさっさと辞めればいい。勝てば、そのまま来年夏の参院選まで続けろ。そして、参院選が終わったら、勝っても負けても、サッと下がったらいい」

これは、森の親心であった。

「まもなく純ちゃんから電話がかかってくるから〝受ける〟と言ってくれよ。きみが断ったら、人事を一からやり直さないといけないから」

安倍は頷《うなず》くしかない。

このとき森は「純ちゃんは、とにかく変わっているし、あまり深く物事を考えない。選ばれた人は迷惑だし、大変だろうと思うが、頑張ってもらうしかない」と考えていたという。

それからまもなく、小泉から安倍の携帯にかかってきた。

「幹事長になってもらいたい」

安倍は「私のような若輩者《じゃくはいもの》で、いいのでしょうか」と訊ねた。

すると小泉はこう答えた。

「だからこそ、できることもある。党にとっても、国にとっても、大変なときなので、ぜひ頑張ってほしい」

安倍は、正直に言えば気が重かった。官房副長官に指名されたときは、心から嬉しかった。が、幹事長に抜擢《ばってき》されても、手放しで喜べなかった。むしろ冷めてさえいた。

大臣であれば、なってしまえば役人たちが動いてくれる。しかし幹事長は、自分で党全体を動かさなければならない。自民党は政権与党であり、四百人近い国会議員を抱える大政党だ。それなりに国会議員からも認められないとやっていけない。

永田町は、国会議員だけでなく、マスコミも含めて〝嫉妬《しっと》の海〟だ。安倍は、当選わずか三回で、四十九歳と若い。大臣経験もない。マスコミは、安倍の実力や実績を冷静に分析するまでもなく、「指導力が問われる」「調整力が問われる」などと書き立てるだろう。

だが、安倍は「これも、天命だ」と腹をくくった。

母・洋子の心配事

小泉との電話を終えた安倍は、自宅の三階に上がった。同じ邸宅の二階が安倍夫婦の住まいで、三階に母の洋子が住んでいる。その日は、昭恵が選挙区の山口に帰っていたので、安倍は

「出かける前に、ジュースと果物でも食べたいのだけど」と洋子に頼んだ。

洋子は、果物を食べている安倍に、今回の人事について訊いた。

「どういうふうになるの?」

安倍の携帯には、次々と電話がかかってきて、その応対に忙しくなかなか答えられない。

洋子は、副幹事長に就《つ》くのではないかと思っていた。このころ安倍がよく「今度は、少し党のほうの勉強をしなくちゃ」と話していたからだ。だが、まさか幹事長になるなどとは思いも寄らなかった。

そのうち、お手伝いさんが驚いた声を上げて、「奥様、晋三さまは、幹事長ですって!」と言った。

洋子が「まさか、何かの間違いじゃないの?」と訊ねると、テレビで、臨時ニュースのテロップが流れているという。

携帯電話で話を終えた安倍が言った。

「もう、テレビで報じられている?」

安倍に落ち着く暇はなかった。携帯電話がさらに鳴り響いた。安倍は、慌ただしく洋子の部屋から出ていった。

洋子の父・岸信介は、自民党初代幹事長である。洋子の夫・安倍晋太郎は、竹下登内閣の時代に幹事長を務めた。洋子は、図らずも、幹事長の娘であり、妻であり、そして母にもなった

2023 First 月刊Hanadaのベストセラー
メディア最大のタブー！橋下徹とは何者か？
「橋下徹氏の膨大な発言を俯瞰して、とんでもないことに気が付きました（まえがきより）」
橋下さん、訴えないでください！
百田尚樹
橋下徹の研究
違和感の正体
橋下さん、訴えないでください！
978-4-86410-935-2／1,540円
4千年のタブーをすべて暴く
史実満載、完全書き下ろし！
百田尚樹
禁断の中国史
「世界の中で日本人ほど中国を誤解している民族はいない」
読むのが怖い！
4千年のタブーをすべて暴く！
978-4-86410-905-5／1,540円
読むのが怖い！
世界の中で日本人ほど中国を誤解している民族はいない（まえがきより）
百田尚樹
※表示価格は税込価格です。　※ここで紹介の書籍は電子書籍も発売中です（一部を除きます
※宅配ご希望は、楽天ブックスまで　0120-29-9625(9:00~18:00)
飛鳥新社
〒101-0003 東京都千代田区一ツ橋2-4-3　光文恒産ビ
TEL.03-3263-7770 FAX.03-3239-7759
http://www.asukashinsha.co.jp

anadaセレクション ありがとうそしてサヨナラ 安倍晋三元総理

月刊Hanada編集部 編

978-4-86410-875-1／1,200円

刊『Hanada』が総力を挙げて編集。安倍総理の珠玉論文多数、論客と語り合った名対談、魂の演説、秘蔵グラビアなど、政治・安倍晋三、人間・安倍晋三の全記録。永久保存版！

今こそ、韓国に謝ろう ：して、「さらば」と言おう

文庫版 百田尚樹［著］

978-4-86410-682-5／763円

本史上最悪の三十五年間、「併合時代」に何をしたのか？
徴用工問題」ほか大幅加筆の大謝罪！

挑戦する力

川るい［著］

978-4-86410-898-0／1,650円

国、ロシア、北朝鮮という独裁軍事大国に囲まれた日本。「危機時代」に入った我々にいま求められているものとは何か。次世のリーダーが初めて語る、国家論と我が人生！

中国共産党 暗黒の百年史

平［著］

978-4-86410-843-0／1,540円

殺、凌辱、陰謀、裏切り…本書を読めば、中国がやっているこやろうとしていることがすべてわかる、事実（ファクト）だけ完全書き下ろし！

デンジャー・ゾーン 迫る中国との衝突

ル・ブランズ/マイケル・ベックリー［著］ 奥山真司［訳］

978-4-86410-929-1／1,870円

まる台湾有事。米国の準備が整う前に中国が軍事的な賭けにる危険に大至急備えるよう説き、ワシントンで話題に。軍事化る東アジアで日本が取るべき戦略と政策もわかる！

知事失格 リニアを遅らせた川勝平太 「命の水」の嘘

小林一哉［著］

978-4-86410-918-5／1,500円

２万人の『命の水』を守る」この言葉を錦の御旗に、リニア工妨害し続ける川勝知事。静岡新聞元記者である筆者が、徹底材し、「命の水」のデタラメを暴く！

のである。

だが、洋子に喜ぶ余裕などはなかった。岸、晋太郎と二人の政治家の生き様を見てきた洋子である。幹事長というポストは、華やかな反面、いかに厳しいポストであるか、よく分かっていた。

「まだ政治の経験が少ない晋三で、果たして幹事長が務まるのかしら」

母として何よりも心配したのは、体調である。いくら成長するにしたがって鍛えられたとはいえ、神戸製鋼所時代も、政治家になってからも、入院したことがある。幹事長という激務に耐えられるかどうか。

活躍の場は官邸から党本部へ

九月二十一日、小泉は、安倍の幹事長抜擢について、記者団にしてやったりといわんばかりの表情で語った。

「これだけ当選回数の少ない若手が幹事長ってのは、想像しなかったでしょう。自民党は若手を育成する必要がある。(党内に)刺激を与えるんじゃないですか」

安倍は、就任後の記者会見で、抱負を語った。

「新しい時代に、改革する政党として相応《ふさわ》しい党に脱皮するために全力を尽くします」

それから、内閣改造人事などで多忙な小泉に代わり、千秋楽《せんしゅうらく》で賑《にぎ》わう両国国技館へ向かい、優勝した横綱・朝青龍《あさしょうりゅう》に内閣総理大臣杯を手渡すため土俵に上がった。

「満員御礼」のかかった観客席から、「頑張って！」と声がかかった。

安倍はその後、民放局の生放送などに出演。早速、「もう一人の党の顔」として多忙な日々が始まった。

一方、昭恵は、九月二十一日の正午前、下関《しものせき》の地元後援者の自宅でお喋《しゃべ》りをしながらテレビを眺めていた。すると、テレビの画面に「自民党幹事長に安倍晋三官房副長官が内定」と書かれたテロップが流れ、それを見て飛び上がった。

「ええッ！　晋ちゃんが、幹事長！」

安倍は、昭恵のことを「昭恵」と呼ぶ。昭恵は、安倍のことを「晋ちゃん」と呼ぶ。安倍は年上であったが、昭恵は安倍の性格から、友達夫婦のような、自分に身近な感じを抱いていた。

昭恵は、すぐに安倍の携帯へ電話を入れた。

「いま、テレビを見ていたのですけど、幹事長って、本当なの？」

すると安倍は「本当だよ。そういうことになったから」ともう落ち着いている。

昭恵が帰京したほうがよいかと訊くと、

「いや、下関に用事があるだろう。それが終わってからで、大丈夫だよ」

昭恵は、波打つ胸を押さえながら、自分のなすべきことを必死になって考えた。「事務所に、お祝いが届くかもしれないわ」と思い、すぐに向かうと、事務所はやはり大騒ぎであった。忙しく立ち働いているところへ、洋子から電話が入った。

やはり、東京へ帰るべきであった。昭恵は、地元での予定をすべてキャンセルし、急遽《きゅうきょ》飛行機で東京へ戻った。

「主人は、その日夜十一時ごろ自宅に帰ってきて、まず、三階の母親の部屋にある父晋太郎の仏前に座って手を合わせていました。

この日は、偶然にも主人の四十九回目の誕生日で、主人とわたし、母と三人で、主人の幹事長就任と誕生日のお祝いをしたんですよ。いただきもののケーキを前に、ワインで乾杯しました」

昭恵が「それにしても、大変なことになったわね。大丈夫なの？」と訊くと、安倍は、静かに答えた。

「森先生に、〝周りの人間がきみを助けるから、頑張ってやってくれ〟と言われた。ぼくは、できる限りのことはするよ」

昭恵は、それでも不安だった。安倍の上には、多くの大物政治家たちがいる。

安倍は、三年三カ月間もの長期にわたった官房副長官を振り返って思った。

「官邸は、権力の中枢であり、政策においてもすべて集約される。危機管理を行うのも官邸だ。そういう意味では、たいへん勉強になった」

安倍は、田中角栄《かくえい》と福田赳夫《たけお》の激しい対立、いわゆる「角福戦争」や、竹下登と安倍晋太郎が派閥の領袖《りょうしゅう》になってからの「安竹連合」という密接な関係をつぶさに見てきた。

角福戦争では、福田派のプリンスであった晋太郎は冷や飯を喰わされ続けた。安竹連合では、党七役のなかに宮澤派（宏池会《こうちかい》）の議員が一人も入らなかったことがある。

官房副長官であった安倍は、これまで官邸側から小泉総理を支えてきたが、これからは党側から自民党参議院幹事長の青木幹雄《みきお》とともに、総理・総裁の小泉をバックアップしなければならない。

安倍人気が爆発

平成十五（二〇〇三）年十月二十八日、いよいよ衆院選が公示された。小泉政権発足後、初めての衆院選である。

自民党を軸にした与党三体制の継続を選ぶのか、旧自由党と合併した民主党を軸とした政権に新たに委《ゆだ》ねるのか、「政権選択」を有権者に問う選挙となる。各党がマニフェスト（政権公約）を競い合う初の選挙でもあり、年金改革のあり方や高速道路の建設問題、自衛隊派遣を含めたイラク支援策などが争点となった。

小泉総理は、「与党が過半数（二百四十一議席）を取れなければ下野《げや》する」と強気に語っていた。対する民主党の岡田克也幹事長は、「政権交代を実現するために、何とか二百議席を超えたい」と期待を込めて語った。

安倍は幹事長に就任した直後から、候補者の応援のため全国各地を飛び回っていた。

十月十日に衆議院が解散され、いざ選挙に突入すると、選挙を仕切る総務局長の町村信孝のもとには、応援要請が殺到した。

「安倍幹事長に、ぜひ応援に来ていただきたい」

安倍への要請は、小泉総理を上回るほどだった。

安倍幹事長は第一声を、大阪市北区で上げた。大阪四区で出馬した三十三歳の中山泰秀《やすひで》の応援である。

安倍は大雨のなか、街宣車に上り、街頭演説を行った。横殴りの雨のため、傘を差していても意味がなかった。安倍は、傘を手放し、ずぶ濡れになりながら声を張り上げた。

「大都市・大阪で勝てなければ、新しい自民として脱皮もできません！」

雨のなか、懸命に演説する安倍の姿が繰り返しテレビで放映され、その必死さがテレビを観た多くの国民の心を捉《とら》えた。

のちに安倍が四階の総裁室に顔を出すと、小泉総理が「あれは、大成功だ！」と褒めちぎったという。

どの選挙区の街頭演説でも、多くの聴衆が安倍見たさに集まってきたが、当の安倍は、「こんなに人気が出ちゃって、いったいどうしたんだろう」と、まるで他人事《ひとごと》のように思えた。

若き政界のプリンスに、女性からの支持率も上昇した。

安倍は、冗談混じりで昭恵に言った。

「若い女性から握手を求められると、それが元気のもとになるね」

昭恵も、それが嬉しかった。政治に無関心な若い女性が、安倍を通じて政治に少しでも興味を持ってくれたらいい。

昭恵自身、安倍の仕事の細部までを把握しているわけではなかった。政治は、深く入り組んでいる。安倍もまた、そこまで妻に語ることはしない。が、昭恵は、安倍が信念を持って正しいことを主張していると信じている。多くの人々にその声が届くことは、昭恵にとっても嬉しいことであった。

安倍の遊説《ゆうぜい》日程を組んでいた町村は、落選濃厚な候補者の応援はやめるようにと安倍に助言した。当選しそうにない候補者の応援には、なかなか行きづらいものだ。しかし、安倍は「いや、総務局長、彼らはぼくのことをものすごく信頼してくれている。無理をしてでもいいから、日程に入れてください」と言い切り、町村は「安倍さんは、信義に厚い人だ」と感じたという。

衆院選の結果は……

平成十五年十一月九日の午後十一時半前、「与党三党での安定多数確保が確定的」との速報が流れた。自民党は、前回の選挙（平成十二年）の二百三十三議席を上回る二百三十七議席を獲得したが、目標の単独過半数二百四十一議席には届かなかった。

民主党は、目標の二百議席には届かなかったものの、百七十七議席を獲得した。

与党三党としては、公明党が三十一議席から三十四議席に、保守新党が九議席から四議席に減らしたものの、合わせて三十八議席で、全常任委員長を独占したうえで、過半数を確保できる絶対安定多数の二百六十九議席を超える二百七十五議席を獲得した。

日付が変わった十日の午前一時からの記者会見で、安倍はホッとした表情を浮かべ、「絶対安定多数が取れたということは、小泉内閣の信任を得ることができたということだ」と語った。

この夜のうちに、自民党は、無所属で当選した宮崎二区の江藤拓《たく》、宮崎三区の古川禎久《よしひさ》の追加公認を決定した。翌日には、「YKK」のメンバーの一人であり、平成十四（二〇〇二）年に自民党を離党していた元幹事長の加藤紘一の復党も決定。保守新党の衆参七名も自民党に合流し、単独過半数の二百四十一議席を超えた。

このときの選挙の候補者には、小泉と安倍の人気に乗じて当選したい者、小泉の改革路線に賛成する者、安倍の将来性に期待をする者と、様々な者がいた。森派（清和研）の幹部で総務局長の町村信孝によれば、それらの候補者は、続々と森派に集まってきたという。

自民党が圧勝し、森派の勢力は拡大したが、安倍には胸を撫《な》で下ろしている暇はなかった。翌年七月には参院選を控えている。

そして安倍はこの参院選の結果を受けて、幹事長を辞任することになる。安倍は、選挙前から目標の五十一議席を下回れば、幹事長を辞任することを決めていたのだ。

結果は目標にわずか二議席足りず、四十九議席に留まり、選挙の二カ月後に幹事長を辞任。ただし、後を継いだ武部勤《たけべつとむ》から説得され、幹事長代理に就任した。

内閣官房長官・安倍晋三

平成十七（二〇〇五）年十月三十一日、小泉は内閣を改造し、入閣候補の筆頭であった安倍を官房長官に抜擢した。

官房長官は、政府のスポークスマン役だけではなく、各省庁の政策運営、政策課題、人事、さらには国会対策に至るまで、すべて把握できる立場。まさに、政策の十字路に位置している。また、調整がつかないような重要政策については、総理と官房長官の判断に委ねられることになる。

平成十二（二〇〇〇）年以降、組閣時などに総理大臣臨時代理の予定者を第五順位まで指定するように方針が改められ、原則として官房長官が第一順位となった。官房長官は事実上の副総理とも言える重い役なのだ。官房長官をこなすことができれば、大局的な視点で物事を見られるようになり、同時に戦略的になる。小泉は安倍に、そういった成長を期待していたのだろう。

官房長官に据《す》えたのは、安倍をフロントランナーに位置づけていたということだ。ポスト小泉ではなく、その次に備えるべきだと考えていたら、また別のポストで修業させていたはずだ。

小泉は、世論が党員を動かし、党員が派閥の枠を超えて国会議員を動かすというメカニズムを知悉《ちしつ》していた。

官房長官は、毎日、定例の記者会見を行う。その模様は、テレビのニュース番組で取り上げられることが多い。頻繁にマスコミに露出すれば、さらに知名度が上がる。

それに官房長官は、総理が外遊などで不在のときは総理代行を務めるなど、何か問題が起こったときに「自分ならこうする」ということを常に考えておかなければならないポジションで、官房長官を務めれば、自然と帝王学が身につくのだ。

皇室典範改正を巡る苦悩

安倍が官房長官のときに、大きな問題が噴出した。皇室典範の改正を巡る問題である。

安倍は、平成十八（二〇〇六）年一月十日の記者会見で、政府が通常国会に提出する女性・女系天皇容認のための皇室典範改正案について、党議拘束が必要だとの考えを示し、以下のように語っている。

「自民党が決めることだが、基本的には議院内閣制のなかで、内閣提出法案にはいままですべて党議拘束がかかっていた」

自民党内では、女性・女系天皇の容認に対して慎重論が根強く、改正案の党議拘束を外すべきだとの意見が出ているため、これを牽制《けんせい》したものである。

寛仁《ともひと》親王殿下は毎日新聞のインタビューで、「女性・女系天皇容認」とした有識者会議の報告について「腰を据えた議論をすべきだ」と異を唱えられた。

一月二十六日、有識者会議の提案に沿って、皇室典範改正案について議論する超党派の「日本会議国会議員懇談会」の総会が行われた。自民・民主・無所属の四十四名が集まるなか、「拙速な国会提出」への反対を決議した。

安倍は、夕方の記者会見で、「日本会議国会議員懇談会」で提出反対が決議されたことについて「有識者会議にはしっかり議論していただいた。自民党でも議論してもらい、提出の状況に至ると思う」と語った。

一方、小泉は二月一日、皇室典範改正案について総理官邸で記者団の質問に答え、今国会での成立に改めて強い意欲を示した。

二月三日、自民、民主両党などの計百七十三人が慎重審議を求める署名を集め、一日に反対集会を開いた「日本会議国会議員懇談会」の事務局長を務める下村博文は、国会内で安倍に会い、今国会提出の見送りを要請した。

安倍は、心情的には慎重派に近かった。しかし、皇室典範改正の担当閣僚としての職務を疎《おろそ》かにもできない。

世論調査によると、自民党の支持者であればあるほど安倍の支持率は高い。それは、対北朝鮮外交を含めて安倍の国家観などを高く評価しているからだ。それなのに、強引に皇室典範改正を進めれば、「権力を握るためには、自分の魂も売ってしまうのか」と見られてしまうだろう。この難局をどう乗り切るか。安倍は、試練を迎えた。

しかし、ここで思わぬ神風が吹いた。

二月七日午後、「秋篠宮妃懐妊」が明らかになったのである。

安倍は、直《ただ》ちに小泉総理に進言した。

「いま改正すれば、お子さまが男の子だった場合、皇位継承権を奪ってしまいます」

一時は改正を支持した山﨑拓前副総裁も、小泉を説得した。

小泉と安倍は、二月九日午後にも、改正問題を協議し、最終的に見送りが固まった。

当時政調会長だった中川昭一は、安倍が小泉総理にこう進言したのではないかと見ていた。

「改正案は党内にも反対意見が多く、もし強引に国会に提出すれば、国論を二分し、政局になるかもしれない。議論はまだ続けていきますけども、この国会で決めようとせず、ちょっと様子を見ていきましょう」

小泉が受け入れたのは、安倍の「この責任は、いつか自分が果たします」という覚悟を見て取ったからではないか。

ポスト小泉は安倍か、福田か

平成十八（二〇〇六）年六月十四日夜、森喜朗、中川秀直《ひでなお》、町村信孝ら森派幹部は、都内の

ホテルで会談し、同年九月の総裁選について意見交換した。

森派の安倍と福田康夫が「ポスト小泉」候補とされていることについて、二人の一本化が望ましいとの意見が相次いだ。出席者によると、森は安倍について「〝支持率がこれだけ高いのに、出馬しなければ政治生命を失う〟と言っている」と語った。一方、福田については「何も言わないので分からない」。

町村は会談後、「派内で安倍氏支持が多いことはほぼ共通認識だ」と記者団に述べた。

小泉は、安倍を支援するニュアンスを伝えていた。平成十七（二〇〇五）年十二月十二日の夜、マレーシアのクアラルンプール市内のホテルで同行記者団に対し、次の総裁選では安倍を「温存」すべきだとの意見があることについて、こう語ったのである。

「チャンスはそう来ない。チャンスをいかに摑むかだ。準備がない人は摑めない。困難に直面して逃げたらダメだ」

平成十八年六月十九日に行った約二十分間の記者会見で、小泉は次期総裁の資質として「与党の反発も覚悟して、自分が掲げた問題を粘り強く実現する情熱」などを指摘したうえで、こう強調した。

「人間関係を損なう場合もあるかもしれないが、逃げることができない課題に強く、逞《たくま》しく立ち向かってほしい」

福田康夫は総裁選に立候補しない、それが森の予測だった。福田は、人を押し退《の》けてまでし

郵便はがき

63円切手を
お貼り
ください

101-0003

東京都千代田区一ツ橋2-4-
光文恒産ビル2

(株)飛鳥新社　出版部　読者カード係

フリガナ	性別　男・
ご氏名	年齢
フリガナ	
ご住所〒 TEL　(　　)	
お買い上げの書籍タイトル	
ご職業　1.会社員　2.公務員　3.学生　4.自営業　5.教員　6.自由業 7.主婦　8.その他（　　　）	
お買い上げのショップ名　　所在地	

★ご記入いただいた個人情報は、弊社出版物の資料目的以外で使用する
ありません。

りたびは飛鳥新社の本をご購入いただきありがとうございます。
後の出版物の参考にさせていただきますので、以下の質問にお答
下さい。ご協力よろしくお願いいたします。

この本を最初に何でお知りになりましたか
.新聞広告（　　　　　　　新聞）
.webサイトやSNSを見て（サイト名　　　　　　　　　　　　　　　）
.新聞・雑誌の紹介記事を読んで（紙・誌名　　　　　　　　　　　　）
.TV・ラジオで　5.書店で実物を見て　6.知人にすすめられて
.その他（　　　　　　　　　　　　　　　　　　　　　　　　　　　）

この本をお買い求めになった動機は何ですか
.テーマに興味があったので　2.タイトルに惹かれて
.装丁・帯に惹かれて　4.著者に惹かれて
.広告・書評に惹かれて　6.その他（　　　　　　　　　　　　　　　）

本書へのご意見・ご感想をお聞かせ下さい

まあなたが興味を持たれているテーマや人物をお教え下さい

なたのご意見・ご感想を新聞・雑誌広告や小社ホームページ上で
載してもよい　2.掲載しては困る　3.匿名ならよい

ムページURL http://www.asukashinsha.co.jp

ゃしゃり出る性格ではない。安倍もまた、福田が立候補に前向きな姿勢を見せたら「下りてください」と言えなかっただろう。総裁選に森派から誰が挑戦するのか、福田の意気込み次第だったのだ。

それゆえ森は、派閥の議員に「みんなニュートラルでいてくれ」と釘を刺し続けた。

ただし、森派の大勢は、安倍を支持していた。森派のなかで福田と親しいのは、森くらいであった。福田の父・福田赳夫と関係がある議員も、せいぜい三～四人しかいなかった。

一方、安倍の父・晋太郎に恩義を感じている議員は多かった。このときの六回生議員は、晋太郎が陣頭指揮を取り、二十一人の新人を当選させた平成二（一九九〇）年初当選組である。それゆえ、安倍晋三に思い入れがある議員が多かったのだ。特に森直系の多い参議院議員は、大多数が安倍を支持していた。

「森会長がこうだと言われれば従います」という議員が大半だったが、当時、森は「みんな安倍で行きたいと言っているのに、俺が〝いや、ダメだ、福田でいけ〟とは、なかなか言いにくい状況だ」と感じていた。

七月になると、森は福田と会談を重ねた。

福田は「〝出る〟とは、一度も言っていない」と語った。その口ぶりに、森は「福田は出ない」と確信したという。

七月十九日、森は帝国ホテルで安倍と落ち合った。中川秀直も、同席した。

森は安倍に「福田さんは、出ないと思う」と伝えた。

七月二十日夜、森は、福田に電話をかけて、「出馬について、何らかの意思表明のメッセージを送るべきだ」と伝えたが、福田は首を縦に振らなかった。

翌二十一日午後、森の事務所に福田がやってきた。ここで福田は「〝出る〟と言ったことはないのだから、〝出ない〟と言う必要もない」と語った。いかにも福田らしい発言である。

三日後にNHKテレビ出演を控えている森が、「どう説明するか、困っているのですよ」と食い下がると、福田はようやく折れて、「じゃあ、そこ（番組）で言ってくださいよ」と言った。

その夜、福田は、世田谷区野沢の自宅マンションに帰ると、珍しく記者団をロビーに迎え入れ、ついに不出馬を表明した。

一方の安倍は、終始、立候補に意欲を示していた。森は、安倍から次のようなセリフを三回聞いた。

「私には、こんなに支持率があります。この国民の期待を無視するのはよくない」

それは、暗に森に立候補を止めてくれるな、という思いから出た言葉だろうと森は思った。

映画鑑賞が唯一の息抜き

安倍は総裁選に出馬するにあたって、ほかの派閥の支持も受けたほうがプラスになると考え、意識的に高村《こうむら》派（番町《ばんちょう》政策研究所）の山本有二、古賀派（宏池会）の菅義偉や塩崎恭久《やすひさ》らを「安倍親衛隊」にした。

当時、森派に所属していた高市早苗も安倍を推していたが、その最大の理由は、国家観が自分に近いことだった。

平成五（一九九三）年初当選組の同期で、考え方の近い高市と安倍は、新人議員のころから「日本の前途と歴史教育を考える若手議員の会」や「総理の靖国参拝を支持する若手議員の会」、さらに自衛隊法など安全保障問題を議論するグループなどで、ずっと行動を共にしてきた。

高市が思うに、安倍の考え方や方向性は、昔から変わらない。ただし、若いころに比べて、話術はずいぶん変わったと感じる。「ポストが人を作る」という言葉があるように、平成十二（二〇〇〇）年七月に発足した第二次森内閣で官房副長官になったころから、ガラリと変わったと。

具体的には、空気を読みながら的確に話をするようになった。また政府の一員ということで、ある意味では慎重に発言するようにもなったという。

ただし、気の置けない仲間たちとの会食の席では、無邪気な一面も見せる。

安倍の唯一の息抜きは、映画鑑賞だった。第三次小泉改造内閣（平成十七〈二〇〇五〉年十月～平成十八〈二〇〇六〉年九月）では官房長官という重職にあったため、警備の問題もあり、気軽に映画館に足を運ぶわけにはいかない。そこで、劇場公開が終わり、ＤＶＤ化された話題作をレンタルし、昭恵と一緒に自宅で観ていた。

当時、お気に入りだった映画は、昭和二十（一九四五）年に東シナ海沖に沈没した戦艦大和《やまと》にまつわる人間模様を描いた『男たちの大和／YAMATO』と、昭和三十三（一九五八）年の東京下町の人情を描いた『ALWAYS 三丁目の夕日』だった。

「主人一人で観ていることが多いですね。時間があると、ほんとうにしょっちゅう観てます。よく観てるのは、映画はちょっと長いので、アメリカのドラマシリーズ。もういろんなドラマシリーズ、お医者さんものとか、裁判ものだったりとか、いろいろ観てます。政治に関係があるというより、趣味だと思います。

アメリカの連邦機関であるCTUロサンゼルス支局の捜査官ジャック・バウアーと、その同僚や家族たちとテロリストとの戦いを描いたテレビドラマ『24 - TWENTY FOUR -』も全部観てますね。シドニー発ロサンゼルス行きオーシャニック815便が南洋の島に墜落し、四十八人の生存者が怪奇現象と戦うアメリカのテレビシリーズ『ロスト』も観てたし。わたし、いっしょに観る時もあるんですけど、なんかそのシリーズものはもう、主人の好きなものは自分で勝手に観てくださいって。

わたしは、ニューヨークに住む三十代独身女性四人の生活をコミカルに描いたテレビシリーズの『セックス・アンド・ザ・シティ』とか好きで観てましたけど（笑）。

前は『ああ、主人とどうしてこんなに違う考え方になっちゃうんだろうな』というふうに思ったんですけど、最近は『わたしはわたしの役割があるんだ』というふうに思っています。いつもいつも主人と同じではなく、主人と違う考え方を持つことも、そのバランスを取る上でわたしの役割なんだろうなというふうに、最近思うんですよね」

読む本も全く違う。

「主人は本でも、自分の好きな小説が多いですね。わたしはけっこうスピリチュアル本みたいなのばっかり読んで（笑）」

高市は、ある会合で安倍と会ったとき、『男たちの大和／YAMATO』はすでに観ていたが、『ALWAYS 三丁目の夕日』は、まだ観ていなかった。それを知った安倍は、「高市さん、あれは非常によかったよ。観たほうがいい」と高市に勧めた。そして下町の自動車修理工場に、集団就職で上京してきた女の子が就職するんだけど、その女の子がさあ……」と、ストーリーを細かく説明し始めた。

無邪気に話す姿を見た高市は、「唯一の息抜きが、映画鑑賞なんだろうなあ」と感じた。

逆に高市は、平成十八年にリメイクされた『日本沈没』を安倍に勧めた。まだ劇場公開されたばかりの作品だったため、安倍は、「ぼくも観たいなあ。早くDVDにならないかなあ」と羨《うらや》ましそうにしていたという。

総裁に就任

政界には、「出たい人より、出したい人」「駕籠《かご》に乗る人、担《かつ》ぐ人、そのまた草鞋《わらじ》を作る人」

という言葉がある。だが一国の総理ともなれば、そのようなかたちで誕生させてはいけない。熱い情熱を持ち、「命がけで、この政策を実現させたい。だから出るんだ！」と言える人こそが、総理になるべきだ。

平成十八（二〇〇六）年の総裁選を前に、安倍は、小泉の女房役である官房長官という立場にあったため、あまり早く立候補表明はできなかったが、そのための準備はしていた。

世論調査では、有力候補のなかで安倍の支持率が群を抜いていた。自民党支持層に限れば、安倍の支持率が高かった理由は、「北朝鮮問題」と「対中外交」にある。安倍なら、この二つを毅然とした態度でやってくれる、という期待が大きかった。

当時、自民党情報調査局には、党員からもそうでない人からも、電話やメールを通じて安倍に期待する声が多く寄せられ、党員からは、次のような意見が多かった。

「次の総理は、安倍さんでなければ困る。ほかの人が総理になったら、中国に土下座をし、お金を出し放題の軟弱外交になるのではないか」

党内の若手議員も、安倍に感謝している人は多かった。安倍は幹事長、官房長官などを任されるようになってから、国民的人気を得たことで、選挙の応援依頼が殺到した。安倍は、たとえ他の派閥の候補者であっても、また将来、自分を応援してくれそうにない候補者のところであっても、要請があれば、分け隔《へだ》てなく駆けつけた。

陣中見舞いの選挙資金は用意できないが、体を使って選挙応援に駆けずり回っている。そんな安倍を皆、悪く思うはずがない。

七月二十一日に発売された『美しい国へ』(文春新書)で安倍は、「戦後レジームを、原点にさかのぼって大胆に見直し、新たな船出をすべきときが来ています」と説き、「戦後レジームからの脱却」を提言した。

九月二十日、総裁選が行われた。

結果は、安倍が麻生太郎と谷垣禎一《たにがきさだかず》を大差で破り、新総裁に選出された。得票数は、安倍が四百六十四票、麻生が百三十六票、谷垣が百二票、無効が一票であった。

このときの総裁選で、安倍が総裁に強い意志を示したのは、父・晋太郎のことが頭にあったからではあるまいか。晋太郎は、竹下登との総裁選のせめぎ合いで遠慮してしまった。晋太郎には、万が一勝利できなくとも、次のチャンスがあるという思いがあったろうが、二度とチャンスは巡ってこなかった。

不運が重なり、ついに晋太郎は総理の座を摑むことなく、六十七歳の若さでこの世を去った。父晋太郎の二の舞は踏むまいと、安倍は同じ森派に所属する福田康夫に譲ることなく、強引に勝負に出たのだ。

そして平成十八年九月二十六日、安倍は臨時国会で首班指名を受けて、第九十代内閣総理大臣に就任した。

2006年10月8日、総理として北京訪問。昭恵と手を握って飛行機を降りる

第5章

理想に燃えた第一次安倍政権発足

安倍と今井尚哉の縁

平成十八（二〇〇六）年九月末、ベルギーのブリュッセルから帰国してから間もない今井尚《たか》哉《や》に、内示が告げられた。

「内閣官房内閣総理大臣秘書官」

経済産業省から内閣官房に出向する際、今井は北畑隆生《きたばたたかお》事務次官から「安倍総理は、長いよ。六年くらいやるよ」と言われた。

今井は、安倍とは、二〜三回ほど面会したことがあった。といっても、第二次森内閣および第一次小泉内閣時代、上司とともに内閣官房副長官だった安倍のもとへ行き、ブリーフィングを行っただけ。安倍が、そのときのことを覚えているとは思えない。ほとんど初対面に近い関係だ。

そのうえ、平成十五（二〇〇三）年から三年間、日本機械輸出組合ブリュッセル事務所所長として欧州で勤務していた今井は、海外から注視していたとはいえ、日本の政治の動きに疎《うと》くなっていた。その点が少しばかり心配だったという。

今井は、自身の性格を分析すれば忠犬ハチ公タイプだと思っている。仕《つか》えるべき人に対しては、忠実に職務を遂行する。仮に安倍ではなく、麻生太郎であろうと福田康夫であろうと、同じ行動を取ったであろう。「内閣官房内閣総理大臣秘書官」という内示をもらった以上、無我夢中になって仕える覚悟があった。

ただ、当時の安倍は五十二歳。戦後最年少の総理である。従来なら、政治家修行を重ね、いろいろな大臣を歴任してキャリアを積んだ者が総理になっていたが、安倍はそのパターンに当てはまらない日本初の総理でもある。世界的な視点に立てば、これがスタンダードなかたちとも言え、非常に若々しく、溌剌《はつらつ》としている。そんな安倍に今井は好感を抱いていた。

新聞各紙が、今井の秘書官就任を報じ、その記事を読んだある人物が、今井に電話をかけてきた。

「うちの亭主は、あなたが今度お仕えする安倍さんのお祖父《じい》さま、岸さんの秘書官だったのよ」

電話の相手は、今井善衛《ぜんえい》の妻だった。

善衛は元通商産業事務次官であり、今井の叔父《おじ》である。その叔父が、昭和十六（一九四一）年十月に発足した東條内閣に岸が商工大臣として入閣した際、秘書官を務めた。善衛はすでに亡くなっていたが、存命の妻が今井の人事を知り、何らかの縁を感じて教えてくれたのだった。

総理の事務を担当する秘書官は、今井を入れて五人選ばれた。財務省から田中一穂《かずほ》、経済産業省から今井尚哉、警察庁から北村滋《しげる》、外務省から林肇《はじめ》、内閣府から井上義行がそれぞれ出向した。

五人は、土曜・日曜を含め毎日ローテーションを組み、当番となった一人が一日中、総理の車に同乗し、総理の送り迎えを担当した。ちなみに職場では、この当番のことを「箱乗り」と呼ぶ。

今井にとって、初めて箱乗り当番の日がやってきた。

今井は挨拶をして安倍の車に同乗した。まだ、互いのことをよく知らないため会話になるような話題もなく、車内は静まり返っている。緊張しながらも、何か話題になることはないかと思案した今井は、善衛のことを思い出した。

「総理、実は昨日、私のところに電話がありまして、私の叔父、今井善衛が岸さんの秘書官だったというのです。ですから、二代続けての秘書官となります」

それを聞いた安倍が、驚きの声を上げた。

「それは知らなかった」

もしかしたら、このとき、安倍もただならぬ縁を感じたのかもしれない。

今井には、もう一つ、安倍との縁があった。

「私が通産省に入省した昭和五十七（一九八二）年、このときの通産大臣は、総理のお父様の晋太郎先生でした。だから、私は晋太郎大臣から辞令をいただきました。握手してもらって〝入省おめでとう〟と訓示をいただきました」

そんなことを話していると、今井も安倍に対する思い入れが深くなるような、そんな気がしていた。

実際、安倍の傍《そば》で仕事をしていると、その人物に魅力を感じるのも確かだった。今井は安倍にこう感じた。

「若くてものすごく切れ味がある。思想的にもしっかりとした座標軸を持っている。それなのに、周りの人たちとはフレンドリーに接する。一人の人間として惚れてしまう人も多いだろうな」

がむしゃらに理想を追い求めた

第一次安倍内閣は、小泉の禅譲《ぜんじょう》と言えた。

それでも、スタートはよかった。理想に燃えた安倍は、「美しい国づくり」と「戦後レジームからの脱却」をスローガンに掲げ、就任直後の平成十八（二〇〇六）年十月八日には北京へ渡り、胡錦濤《こきんとう》国家主席と会談。その首脳会談で、「戦略的互恵《ごけい》関係」という概念が合意された。

安倍は小泉政権下で首脳の往来が途絶えていた中国や韓国を訪問するなど、活発な外交政策をはじめ、積極的な政策運営により、組閣当初の支持率は七〇％近くを記録するほどの人気ぶりだった。

昭恵は安倍の外遊には必ず同行した。タラップを上がる時、総理と手をつないでいたのが話題になった。

「自然っていうか、まあ主人のアイデアですね。腕を組むか、手をつなぐかみたいなところで、まあ手をつなぐほうが若々しいいんじゃないかと。小泉総理は奥様がいらっしゃらなかったので、その違いを出すには、やっぱりそういうところをアピールするのがいいんじゃないかという」

国内では、教育基本法の改正や防衛庁の省昇格、国民投票法（日本国憲法の改正手続に関する法律）の成立などを成し遂げた。

安倍は幹事長時代、自分がリーダーになったら、どのような国にしたいと考えているかを述べたことがある。

「私は、日本人として生まれたことに誇りを持てる国にしたいと思っている。日本人であることに自然と自信が漲《みなぎ》ってくる。そして、それに伴う責任も感じることができる。世界でいろいろな役割を果たしていく。世界の人たちが、そういう日本に尊敬の目を向ける。世界のなかでしっかりと輝き、存在感のある日本を作っていきたい」

以前から、教育基本法には疑問を感じていた。子供たちに公の大切さを教え、この国に生まれたことに誇りが持てるような教育を進めていかなければならない、と考えていたのだ。

戦争中に、すでに指導的な立場にあった世代の人は、それなりの目的を持ってアジアのなかで日本の役割を果たそうと悪戦苦闘してきた。そのことは間違っていなかったと多くの人たちは評価している。日本は戦争に負けたが、誇りのある国を再び作りたいと思っている。

しかし、指導的な立場ではなく、一兵卒として戦争に関わってきた人たちは、悲惨な目に遭い、こんなことは繰り返したくないと体験的に嫌悪を示している。これは、もう理屈ではない。アレルギーに近いものがある。アレルギーというものは体質として遺伝していく。

戦後教育の面で大きな影響力を持ったのが「日教組」(日本教職員組合)だ。日教組は、生徒たちが「安全保障」「軍事」「愛国心」という言葉に耳を塞《ふさ》ぎ、目を瞑《つむ》るよう、ある種の洗脳教育を行ってきた。

しかし、国民のあいだにも、だんだん免疫が出てきて、次第にそれが正常化されてくる。安倍は自分の世代以降は、GHQ(連合国軍総司令部)やアメリカによる魔法が、やや溶け始めてきたのではないか、と感じていた。

なお、安倍政権下で教育基本法が改正されたことによって、〈伝統と文化を尊重し、それらをはぐくんできた我が国と郷土を愛するとともに、他国を尊重し、国際社会の平和と発展に寄与する態度を養うこと〉(第二条・五項)などの条文が加わった。

急落した支持率

国民から多くの指示を受けて発足した第一次安倍内閣だったが、人気は長く続かなかった。総理に就任した年の十二月四日、安倍は、郵政国会で郵政民営化法案に造反し、自民党を除名された議員十一人を復党させた。これを機に、安倍内閣の人気は急落。支持率は五〇%台へ急降下し、その後も復活することはなかった。

十二月十六日、『週刊ポスト』(二〇〇六年十二月二十二日号=小学館)に「本間正明税調会長『愛人と官舎同棲《どうせい》』をスクープ撮」が掲載された。総理の諮問《しもん》機関である政府税制調査会会長の本間が、公務員官舎の同居人名義を妻の名前にしつつ、愛人と同棲しているという内容の記事だった。

秘書官の今井尚哉は、ウシオ電機の設立者で経済同友会特別顧問で安倍とは縁戚関係にある牛尾治朗に電話した。本間と牛尾は、共に小泉内閣時代の経済財政諮問会議のメンバーであり、親しい間柄だったので、今井は牛尾の意見を聞いてみることにしたのだ。

牛尾の答えは、「総理はどう考えているのか。守りたいんだろうな」。

次の日、今井はもう一度、電話を入れた。安倍に意見を言う前に、改めて牛尾に相談したかった。

「牛尾さん、本間さんが作った税制に、もう国民はついてこないですよ。ですから、お辞めになったほうがいいのではないかと、私は思っています」

牛尾は同意した。

「分かった。俺、本間にアドバイスしてみるよ。〝おまえ、総理のために引いたらいいんじゃないか〟と」

それから二時間後、牛尾から電話があり、「本間は、辞める気だ」と伝えられた。

今井は、すぐに総理執務室へ飛び込んだ。

「総理、本間さんが辞めると言っております。どうされます」

驚いたのは、財務省から出向している田中一穂秘書官だった。税調を預かる身でもある田中は、「こんなことで怯《ひる》んでしまったら、税調は進みません」と今井とは反対の意見だった。総理秘書官を務めていた参議院議員の井上義行も、「本間を守る」と言う。ちなみに井上は、その後に起きる閣僚たちの不祥事の際にも、すべて「守る」という立場を取った。理由は一つ。辞めさせてしまえば、その反動はすべて任命責任として総理に跳《は》ね返ってくるからだ。

結局、本間は十二月二十一日、税調会長を辞任した。

公邸で涙は見せなかったが……

安倍内閣を揺るがす問題の発覚は、止まることがなかった。

平成十八（二〇〇六）年十二月二十五日、内閣府特命担当大臣（規制改革担当）、佐田玄一郎《さたげんいちろう》の事務所費問題が起きる。官邸内は、こうした問題に対処する相場が摑めずにいた。今井は、対応が後手後手になることだけは避けたほうがいいと考えていた。

二十八日、佐田は辞任。

平成十九（二〇〇七）年一月には、厚生労働大臣柳澤伯夫《やなぎさわはくお》の「女性は子供を産む機械」発言が問題視され、野党から批判の声が上がった。

三月には、農林水産大臣の松岡利勝に資金管理団体の光熱水費問題などが浮上し、松岡は五月に自殺した。

安倍は表面的には淡々としていて、何があっても変わらない感じではあった。

「主人は常に『自分が任命した以上、自分の責任だ』と言っていましたが、まあ、『自分の任命は間違っていなかった』と押し通したい気持ちもあったと思います。

でも、平成十九年五月二十八日に農水相だった松岡（利勝）さんが自殺された時には、ショックは大きかったと思います。と言うのも、あの日主人が公邸に戻ってきた時、雰囲気が違ったからです。表情はひときわ険しいし、じっと何か考え込んでいる様子で、とても話しかけることができませんでした。

そして、ほとんど会話も交《か》わさない食事を終えて、寝室で二人きりになった時、主人がポツリと、つぶやいたのです。

『松岡さんにはかわいそうなことをした』

少なくともわたしが記憶する限りでは、主人が公邸で涙を見せたことはありませんでした。でも、官邸では松岡さんの自殺の報に、涙を流していたと聞きました。

松岡さんの葬儀には、わたしが参列させていただきましたが、主人は自分が行けないことを、何度も、何度も『申し訳ない』と言っていました」

支持率は、年金記録問題が騒がれ始めた五月下旬以降にさらに下降。毎日新聞が五月二十六～二十七日に実施した世論調査では、支持率は三二％となり、四月の前回調査比で十一ポイントも下落した。安倍政権発足以来、最低の数字だった。

平成十九年六月六日から八日に、ドイツのハイリゲンダムで開催された主要国首脳会議に同行していた今井は、帰国後の十三日、叔父《おじ》で、新日本製鐵元社長、第九代経団連会長の今井敬《たかし》から電話をもらった。

「このままでは、夏の参議院議員選挙は厳しい。もうすでに、福田政権に向けて動き出す気配があるね」

今井は、このことを安倍に伝えなかった。まだそういったことを、事務秘書官としてどのようにコントロールすればいいのか、分からず、それほど深刻に受け止めていなかったのだ。

六月に入っても、問題が止む気配はなかった。防衛大臣の久間章生《きゅうまふみお》が「原爆の投下はしょうがない」と発言。これを受け七月三日に辞任。七月には農林水産大臣の赤城徳彦《あかぎのりひこ》に事務所費を巡る疑惑が次々と発覚し、八月一日に辞任……。

毎月のように起こる不祥事に、安倍はどうすることもできなかった。七月二十九日に控えていた参院選も、日に日に勝ち目が薄くなっていく。

郵政造反組の復党が凋落のきっかけ？

第一次安倍内閣の末期、今井は「最初の躓《つまず》きは、復党問題だった」と強く感じていた。郵政解散のとき、欧州に出向し、十一人の議員が復党に至るまでの一部始終を見ていなかった今井は、的確な判断ができなかったことを後悔している。

「復党を認める前に、解散総選挙を打つべきだった。あそこで一度、民意を問うべきだった」

もし解散していれば、獲得していた三分の二の議席を維持することはできなかっただろうが、それでもあの選挙で小泉総理が問うた国民の信とは違う考え方で、国政を預かることができる。新政権が向かう新たな政策を示し、「民意を問いたい」と、安倍はどこかで訴えるべきで、それをできなかったことが、国民の安倍政権に対する不満を生むことになったのかもしれない。

とはいえ、事務秘書官である今井が政務秘書官の井上義行を超え、安倍に進言することも難しかった。それぞれに与えられた任務の枠を越えることになる。

七月二十九日に投開票日を迎える参院選を前に、今井は生意気な行動に出ることになる。

二十七日金曜日、大親友であり通産省入省同期の嶋田隆（現在、岸田文雄総理秘書官）から、今井に連絡が入った。

「いまから、メモを届ける」

嶋田の持ってきたメモの筆者は、政策通として知られる元自民党政調会長の与謝野馨《よさのかおる》だった。

与謝野は、小渕《おぶち》内閣時代に通商産業大臣を務めており、嶋田や今井は与謝野に仕えていた。

嶋田は、与謝野がのちに官房長官や、経済財政政策担当大臣、財務大臣などを務める際にも、秘書官に就任している。

与謝野からのメモには、平成十（一九九八）年七月、橋本内閣が参院選で四十四議席という惨敗を喫した際、どういった力学で橋本が辞職することになったのか、そして安倍が続投するためのアドバイスが詳細に書かれていた。

メモを読み、今井は直感した。

「なるほど……政治とは、こういうことなのか……今度の選挙でも、おそらく似たようなことが起こるのだろう」

安倍内閣を支える事務秘書官の一人として、今井は決意した。

「もし、総理がお続けになるというのなら……。いや、単に辞める、辞めないで済ませてしまうのでは無責任だ。私は、何があっても続けてほしい。それなら、そういう動きが起きる前に先手を打たなければならない」

やる気とは裏腹に……

参院選の投票日前日の平成十九（二〇〇七）年七月二十八日、安倍は、東京・新橋駅のＳＬ広場前で最後の遊説《ゆうぜい》を行った。通常であれば今井も同行するのだが、このときばかりは、財務省の田中一穂に代わってもらった。

官邸に残った今井は、与謝野からもらったメモをもとに、遊説の合間に考えていた今後の安倍政権のあり方について、練り上げていた。ポイントは、秋の臨時国会以降における政策の優先順位と体制の立て直しについてだった。

安倍政権の基本的な考え方や政策思想の骨格は維持するものの、その優先順位を国民が望む社会福祉を重視した政策にガラッと転換し、国民へのメッセージを切り替えるべきだ。

秋の臨時国会では、厚生労働大臣がポイントになる。年金記録問題などで、民主党はこれまで以上の攻勢をかけてくる。攻勢に耐えられる人でなければ、大臣は務まらない。

それらをまとめたメモを、今井は、午後八時過ぎ公邸に帰宅した安倍にそっと渡した。

メモの冒頭には、自らの思いを綴《つづ》った。

「総理、私は今後十年、総理をやってほしいと思っております。今回は厳しい選挙となりますが、選挙後の政権構想をまとめてみました。僭越《せんえつ》ながらご笑覧ください」

安倍も、まさか一事務秘書官から、今後の安倍政権のあり方について書いたメモを渡されるなど思ってもいなかっただろう。

メモに目を通した安倍は、外務大臣の麻生太郎に電話した。

「明日の朝、こちらにいらっしゃれないか。そこで今後の相談をしたい」

しかし、麻生は来られなかった。福岡で最後の遊説を迎えていた麻生は、そのまま福岡に宿泊しており、安倍のもとへ朝一で駆けつけることは不可能だった。

結局、七月二十九日に行われた参院選で、自民党は過半数割れの惨敗を喫した。

それでも安倍は「私は一から出直す。出直す覚悟でやる」と考え、やる気が漲《みなぎ》っていたが、心とは裏腹に、安倍の体調が悪化していった。

八月七日、安倍のＳＰの一人が、今井に異変を知らせていた。

「今井さん、あれだけ足の速い安倍さんが、私たちの歩くスピードについてこれなくなったよ」

参院選終了直後の安倍は元気だった。しかし、ＳＰからの話を聞き、「もしかしたら、異変が起きているのかもしれない」と今井は心配だった。以降、今井は安倍の様子を注意深く見守るようになる。

またほかの事務秘書官らに安倍の様子を報告し、相談した。参院選惨敗後、事務秘書官らのあいだには、どんどん安倍に進言していこうという空気が流れ、安倍を支える気運がますます高まっていた。

しかし、安倍の顔色は日増しに悪くなった。八月下旬のインド外遊も、体調の悪化に拍車をかけた。

この時、安倍は後に極めて重要な意味を持ってくる演説をした。

「私たちは今、歴史的、地理的に、どんな場所に立っているでしょうか。この問いに答えを与えるため、私は一六五五年、ムガルの王子ダーラー・シコー（Dara Shikoh）が著《あらわ》した書物の題名を借りてみたいと思います。

すなわちそれは、『二つの海の交わり』(Confluence of the Two Seas）が生まれつつある時と、ところにほかなりません。

太平洋とインド洋は、今や自由の海、繁栄の海として、一つのダイナミックな結合をもたらしています」

「このパートナーシップは、自由と民主主義、基本的人権の尊重といった基本的価値と、戦略的利益とを共有する結合です。

日本外交は今、ユーラシア大陸の外延に沿って『自由と繁栄の弧』と呼べる一円ができるよう、随所でいろいろな構想を進めています。

日本とインドが結びつくことによって、『拡大アジア』は米国や豪州を巻き込み、太平洋全域にまで及ぶ広大なネットワークへと成長するでしょう。開かれて透明な、ヒトとモノ、資本と知恵が自在に行き来するネットワークです。

ここに自由を、繁栄を追い求めていくことこそは、我々両民主主義国家が担《にな》うべき大切な役割だとは言えないでしょうか」

「私の祖父・岸信介は、いまからちょうど五十年前、日本の総理大臣として初めて貴国を訪問しました。時のネルー首相は数万の民衆を集めた野外集会に岸を連れ出し、『この人が自分の尊敬する国日本から来た首相である』と力強い紹介をしたのだと、私は祖父の膝下《しっか》、聞かされました。敗戦国の指導者として、よほど嬉しかったに違いありません」

「私は皆様が、日本に原爆が落とされた日、必ず決まって祈りを捧げてくれていることを知っています。それから皆様は、代を継いで、今まで四頭の象を日本の子供たちにお贈りくださっています。

ネルー首相がくださったのは、お嬢さんの名前をつけた『インディラ』という名前の象でした。その後合計三頭の象を、インド政府は日本の動物園に寄付してくださるのですが、それぞれの名前はどれも忘れがたいものです。『アーシャ』（希望）、『ダヤー』（慈愛）、そして『スーリヤ』（太陽）というのです。最後のスーリヤがやって来たのは、二〇〇一年五月でした。日本が不況から脱しようともがき、苦しんでいるその最中、日本の『陽はまた上る』と言ってくれたのです。

これらすべてに対し、私は日本国民になり代わり、お礼を申し上げます」

電撃辞任

安倍が突然の辞任を表明する平成十九（二〇〇七）年九月十二日の前日は今井が箱乗りする日だった。体調がかなり悪いことは見て取れたものの、「明日辞める」などという雰囲気はいっさい感じなかった。むしろ、やる気で満ち溢《あふ》れているようにさえ感じた。

翌九月十二日。午後一時からの本会議を前に、朝十時から十二時まで、事務秘書官らと安倍は答弁の打ち合わせをしていた。

十二時になった。

普通なら食事に向かう安倍だったが、その気配がいっさいない。幹事長の麻生太郎、国対委員長の大島理森《ただもり》以下、幹部がどんどん総理執務室に入ってくる。

総理執務室に籠《こも》ったまま、安倍は出てこない。政務秘書官の井上義行はそのなかに入っていたが、事務秘書官は誰一人として呼ばれていない。

十二時半になった。

話が終わる様子もない。

本会議は午後一時から。このままでは、食事もせず安倍は本会議に入ることになると察した今井は、こう指示した。

「総理用におにぎり作って。多分、食事の時間がないだろうから、総理には車のなかでおにぎりを頬張ってもらう」

十二時四十五分。本会議十五分前だというのに、なおも総理は出てこない。

十二時四十八分。ＴＢＳテレビが速報を流した。

「安倍総理辞任」

それを見た事務秘書官らは、驚きの声を上げた。

それと同時に、声がかかった。

「事務秘書官、入ってください」

総理執務室に入り、今井は安倍を見つめた。

安倍が言った。

「皆さんには支えてもらって感謝する。申し訳ないが、本日、辞めることにした」

安倍は、潰瘍性《かいようせい》大腸炎という難病の悪化で政権を投げ出さざるを得なかったと説明したが、今井はその言葉を素直に受け止めることなどできなかった。

辞任を受けて昭恵は

午前十二時四十八分、TBSが「安倍総理辞任」の速報を流したその瞬間に、昭恵の携帯電話が鳴った。友人からの電話であった。

「昭恵さん、どうなっているの？　総理、突然の辞任なんて……」

昭恵は「え？　嘘！」と答えることしかできなかった。友人から「TBSをつけてごらんよ」と言われテレビをつけると、確かに安倍の辞任を報じていた。しかし、到底信じられなかった。その日の朝、安倍は辞任するなどひと言も口にしていなかったからだ。昭恵はあまりの衝撃に、それから二日間の記憶は消えているという。

三日目、昭恵は、総理公邸の荷物を渋谷区富ヶ谷の自宅へ自ら運転して運んでいた。そのとき車窓から見える街行く人たちが、みんな幸せに映り、「私たち夫婦ほど惨《みじ》めな存在はない……」と思った。

つい三日前まで、世界の要人たちが総理官邸を訪れてきて、華やかなパーティを催し、自らも充実した日々を送っていたのに……。

参院選惨敗後、辞めるべきだという批判が渦巻く中、辞職しなかったことについて、「安倍はKY」つまり、〝空気〟（K）が〝読めない〟（Y）と言われたことについては、昭恵は今でも納得できないと言う。

「主人はあの時、辞めるという、ある意味で楽な道を捨て、あえて茨の道を選んだつもりだったんですから。わたしにとって最も辛《つら》かったのは、体調が悪いながらも頑張らなければならない主人の姿を見ていることでした」

辞任後、昭恵は安倍に言った。病室は昭恵にとって外の世界と隔絶された安心できる空間だった。

「もしこれ以上政治家を続けるのが苦しいようでしたら、お辞めになってもいいですよ。私は、政治家の妻であることに固執はしていませんから」

しかし、安倍はきっぱりと答えた。

「俺は政治家を辞めない。まだまだやらなければいけないことが残っている」

健康を理由に総理を辞任したときの体調について、後に私のインタビューで、安倍は次のように振り返った。

「もともと中学校の後半のときに発症したのですが、潰瘍性大腸炎という持病がありました。自己免疫疾患の一つなのですが、大腸に次々と潰瘍ができて、そこから出血をする難病です。それ以降は、だいたい一年間に一回ぐらいの頻度で、強弱こそあれ、発症を繰り返してきました。これまでに、この病気が原因で四回ほど入院したことがあります。

平成十（一九九八）年ごろには悪化して、三カ月も入院しました。そのときは、体重が二十キロも落ちましたよ。

ただ、そのあとに新しいタイプの薬を試したこともあって、森政権や小泉政権で官房副長官、幹事長、官房長官を務めたときには、仕事をこなすことができたので、病気は克服できたと思い、総理大臣になる決意をしたのです。

しかし、総理に就任したあと、激務もあって少しずつ症状が悪化してしまった。平成十九年七月の参院選に負けて、八月にインドに外遊した際にウイルス性腸炎にかかり、これで、病気が一気に悪化し始めた。

日によっては、薬が効いて症状が少しよくなったときもあったので、私自身、やり残したことはたくさんありましたから、内閣改造を行って、施政方針演説に臨んだのです。

でも実は、施政方針演説の数日前から、症状が急激に悪化を始めました。下痢がひどくて、一日に二十〜三十回もトイレに行かなければいけない状態になってしまった。その状態では、国会の長丁場の委員会に出席し、答弁することはできません。そもそも、外交などもできません。

総理大臣は、国民の命を預かる重要な仕事です。一カ月休養してみて、体調が戻らなかったから、やっぱりできませんと辞めるわけにはいきません。そういう状況のなかで、突発的に辞任をするという判断をせざるを得ませんでした。結果として、多くの国民に迷惑をかけたことは申し訳なく思っています」

総理を辞任すると、安倍の体調はみるみる回復した。この点についても、

「実は、総理を辞任したあとに、私と同じ症状を持つ渡辺喜美《よしみ》さんの妹さんが薦めてくれた健康食品のおかげで、だいぶ症状が改善したんです。

それと、アサコールという薬が日本でようやく認可されまして、これを試したところ、劇的に効いたのです。四十年間、炎症反応がなくなることはなかったのですが、この薬を試したら、ゼロになりました。その後、体調は回復し、いまはここ四十年で一番元気なくらいです」

再起の第一歩は戸別訪問と大学院入学

総理を辞任した安倍は、原点に戻って地元山口で戸別訪問を始めた。総理経験者が、無差別の戸別訪問を行ったのだ。近年では、一〜二回生議員であっても、制限なしの戸別訪問などほとんど実行していないだろう。

安倍は、たとえほかの政党のポスターが貼ってある民家であろうと、お構いなしに訪ねては、「私のポスターも、貼ってもらえませんか」と声をかけた。

戸別訪問は、一般的には、地域の有力者が訪問すべき家に案内してくれるので、気楽なものだ。しかも、支持者の家を訪れることが多く、握手をすれば喜ばれたりもする。一方、一軒一軒すべて訪ねて歩こうと思ったら、共産党支持者の家を訪問してしまうこともある。時には罵《ば》声《せい》を浴びせられることもあり、決して気楽なものではない。

安倍は、第一次安倍政権の退任直後から、その挫折を忘れないため、自らノートに当時の反省や思いを綴り続けていた。このノートは安倍は誰にも見せなかった。昭恵も見たことがない。今となっては貴重な資料なのだが……。

安倍が総理を辞任したあと、昭恵は立教大学の大学院に行くことにした。

「昔は勉強が嫌いだったんです。聖心女子専門学校は出てますけど、大学に行ってないのですが、別にそれをどうも思っていなかったんです。ところが、総理夫人になったときに、大統領夫人たちと対談するためにプロフィールの交換をすると、あちらの夫人たちって、ものすごいずらずらずらずらって、プロフィールが立派なんですよ。そのときに、肩書きに何となく圧倒されちゃうようなところがあった。で、もうちょっと専門的に何か知識を今から身につけることはできないかなとは思ってたんです。

主人も、時間的にも余裕がある時期でしたし、『行くならいいよ』みたいに言ってくれたから、じゃあ、行ってみようかなと思って。

平成二十一年の四月からピカピカの一年生。学生といっても、社会人対象なので授業は夕方から夜間と土曜日です。週に二、三回は行ってましたね。『二十一世紀社会デザイン』というところです。学部とは独立している。いろんな仕事をしている人たちが学びに来ていました」

二年間学び、平成二十三年の三月に卒業した。

マラソンに挑戦したのもその頃のことである。そして昭恵は平成二十一（二〇〇九）年三月二十二日に東京マラソンに参加し、完走した。公式タイムは五時間四十二分だが、スタート地点まで二十分かかったので、実際には五時間二十二分だった。

「実はゴールした瞬間にもっともっと感動すると思っていました。涙が出るのではないかなあとか（笑）。でも実際はかなりあっさりしたものでした。ゴールした後は、流れ作業のように靴についている時計チップをはずされ、メダルとタオルそれに水や果物などを受けとって更衣室になっている建物の方に移動していきます。その間だいぶ雨足が強くなってきて、寒さと疲れで早く進んで～ということしか頭にありませんでした。感動を味わうどころではありません。でも写真が送られてきたり、みんなのメールを読んでいるとジワジワと感動が胸に広がるのを感じました。わたしはそのとき、四十六歳。あと二カ月ちょっとで四十七歳になるころでした。マラソンを走って、人生これからだ～という気になりました。

つづいて、その年十一月八日の下関海響《かいきょう》マラソンにも参加し、完走しました。タイムは、五時間を切ることを目標にしましたが、残念ながら結果は五時間四十八分。六時間の制限時間内ギリギリのゴールでした（笑）。それでも沿道から『昭恵さん頑張って～！』と多くの方に声をかけていただき、何とか完走することができました。

招待選手の、参議院議員であり弁護士の丸山和也先生は前日のトークショーの中で言っていました。

『人生は日々挑戦である。その中でたまに少し大きな挑戦をすることによって、メリハリがつく』

わたしもマラソンを走ってみて、〝やればできるんだ〟ということを学び、挑戦することが楽しくなりました。

走ろうと思えば走れちゃうんだと思った。何かやろうと思えば、どんな歳になったってできるかな、みたいな感じ」

創生「日本」の会長に

安倍が総理を辞任してから二年後の平成二十一（二〇〇九）年八月、保守は危機に直面した。政権交代である。民主党政権は、その後、三年三カ月にわたって政権を担った。

このときの衆院選では、未来を嘱望《しょくぼう》されていた安倍の盟友、中川昭一が落選、そしてまもない十月三日、五十六歳の若さで急逝してしまう。

安倍と中川は共にＮＨＫや朝日と戦ったこともあった。

平成十二（二〇〇〇）年十二月、九段《くだん》会館で「女性国際戦犯法廷」という模擬裁判が開催された。これを主催したのは「『戦争と女性への暴力』日本ネットワーク」（以下、バウネット）で、元朝日新聞編集委員の松井やよりが共同代表だった。

この模様を、ＮＨＫが平成十三（二〇〇一）年一月に四回シリーズで放送すると（一月二十九日～二月一日）、バウネットが「不当に番組内容を改変した」として訴訟を起こした（最高裁まで争われ、バウネット側の訴えはすべて退けられた)。

その四年後の平成十七(二〇〇五)年一月十二日、朝日新聞が一面から社会面まで使い、「四年前のNHKの番組改編は、安倍晋三と中川昭一がNHKに不当な政治圧力を掛けたからだ」という記事を掲載。さらに翌日、番組作りにかかわったNHK番組制作局の長井暁《さとる》チーフプロデューサーが会見を開き「政治介入を受けた」と告発した。

当然、安倍も中川も朝日の報道を否定している。NHKも安倍、中川両氏に呼びつけられた事実はなく、安倍には放送の前日ごろに事業計画の説明で出向いただけであり番組の内容が変更されたことはない。中川との面会は放送の三日後であったと朝日新聞に対し文書で事実誤認を指摘し、また放送前に試写が行われるのは異例ではないとも主張した。

朝日新聞は社長の記者会見を開き、取材の不十分さを認めたが、記事の訂正や謝罪はなかった。

保守派のホープであった中川の死は、志《こころざし》を同じくしていた安倍に大きなショックを与えた。

中川は、平成十九(二〇〇七)年に結成された「真・保守政策研究会」の会長を務めていた。中川や平沼赳夫《たけお》をはじめとした自民党及び無所属の議員によって設立された議員連盟である。しかし中川は、自身が落選したことから、会長を辞任することを仄《ほの》めかしていた。

中川が急逝したことで、真・保守政策研究会は後任の会長を決めなくてはならなくなった。このとき、安倍を推したのが衛藤晟一《えとうせいいち》である。しかし、メンバーのなかには、当時はまだ第一次安倍政権の幕引きのマイナスイメージが世間にも強く残っていたから、安倍の会長就任に苦い顔をする者もいた。

衛藤は安倍の会長就任に異を唱える者に対して、「将来、いざというときも含めて、保守の中心として誰が自民党を背負っていけるのだ。名前を挙げてくれ。自分に万一のことがあれば、安倍にやってもらいたい、というのが中川の遺言《ゆいごん》でもある」と迫った。即答できる者は一人もいなかった。

また、最高顧問の平沼も、安倍に「『真・保守政策研究会』の会長になるべきだ」と説得したという。

こうして安倍は、亡くなった中川の遺言というかたちで、後任の会長に就任することになった。だが、衛藤がのちに明かした話によると、実際に中川がそのような遺言をはっきりと残していたわけではなかった。衛藤が平沼らと相談して決めたのが事実だという。

中川の死去から一カ月後の十一月十六日、「真・保守政策研究会」は、政権交代後初となる会合を国会内で開き、正式に安倍を会長に選出した。

この会合で安倍はこう訴えた。

「日本は危ないとの危機意識が現実のものとなってきた。保守を再生させたいという中川さんの思いを受けて、いまこそ力を結集し、現状を打破しなければならない」

平成二十二（二〇一〇）年になり、衛藤は安倍に「『真・保守政策研究会』の名前を変えませんか」と提案し、いくつかの候補を挙げた。安倍が候補のなかから選んだのが「創生『日本』」だった。

二月五日、三十六人が出席した総会で、正式に創生「日本」に改称することが決まった。また、「永住外国人地方参政権」や「選択的夫婦別姓制度」などに反対、安倍が掲げる「戦後レジームからの脱却」を目指す運動方針を採択した。

その後も、創生「日本」は、講師を呼んで勉強会を開くなど、活発に活動した。重点を置いたのは、経済再生、安全保障、外交、教育の諸問題である。

以来、創生「日本」では、地方の賛同者を含めて総会を開き、積極的に街頭演説を行うなど、まるで政党のような活動を続けた。総理を辞任して以降、雌伏《しふく》のときを過ごしていた安倍が、次へのステップを歩み出したのである。やがて創生「日本」は、安倍を再び総理・総裁に押し上げる原動力となっていく。

2015年4月29日、アメリカの上下両院合同会議で演説

第6章

世界が認めた大宰相

安倍の背中を押した菅義偉

平成二十三(二〇一一)年三月十一日、日本を未曾有《みぞう》の大災害が襲った。東日本大震災である。被災から間もないころ、安倍は自らトラックで被災地に救援物資を届けた。物資の積み下ろしも自らの手で行っていた。宮城県や福島県の沿岸被災地に何回も行き来していた。

昭恵も震災直後から被災地を訪れ、現地の生の声を聞き、急ピッチで進められていく巨大な防潮堤《ぼうちょうてい》建設に、「反対運動をしているのではない」としたうえで、「防潮堤の高さを変えればいいところもあるし、全く必要ない場所もある。もう一回精査してほしい」と見直しを訴えるなど、精力的に活動をしていた。

一方、安倍は創生「日本」の代表になり、再起に向けて衛藤《えとう》たちメンバーは必死に動いた。平成二十三年の年末ごろのことだ。

平成二十一(二〇〇九)年から三年三カ月にわたって政権を担《にな》った民主党は、政権交代直後は高い支持率を誇っていた。しかし鳩山由紀夫、菅直人《かんなおと》、野田佳彦と毎年総理が代わったことや、東日本大震災の稚拙《ちせつ》な対応への批判もあり、支持率は下落した。

安倍もこのころには体調がよくなり、いざ総裁選に出馬することになったときのために、いつでも動けるように準備していた。

問題は、挫折した印象が強い安倍に対する待望論を、どのように盛り上げていくかという点にあった。経済界への対応は、安倍が自ら名乗りを挙げた。

マスコミ対策は衛藤が対応し、安倍と親しい評論家の三宅久之や金美齢らとともに、どのように安倍を露出させていくか、その方法を練った。

同年七月、政治評論家の三宅久之が中心になり、「安倍再生プロジェクト」がスタート。もはや民主党政権に日本は任せておけない、危機感を持った人たちが、安倍の再登板を切望し立ち上げたものだ。参加者は小堀桂一郎《こぼりけいいちろう》（東大名誉教授）、すぎやまこういち（作曲家）、米長邦雄《よねながくにお》（永世棋聖《えいせいきせい》）、金美齢（元台湾総督府顧問）、日下公人《くさかきみんど》（評論家）、内館牧子《うちだてまきこ》（作家）など多士済々《たしせいせい》。

その後も会合を繰り返し、「安倍晋三総理大臣を求める民間人有志の会」と名前を改め、作家の百田尚樹、俳優の津川雅彦、評論家の小川榮太郎などが加わった。

九月五日には衆議院第二議員会館会議室で緊急声明文発表の記者会見を行い、同日に声明文は安倍事務所にも届けられた。

衛藤は、安倍にこう言い続けた。

「あなたは一度総理をやったのだから、失うものはないじゃないか。国のためだけに命を尽くせばいいんだ。天の時が、日本の命が、あなたを要求しているというふうにしか俺には見えない」

同時期、のちに官房長官として、第二次安倍政権を七年八カ月にわたって支えた菅義偉も、安倍の陣営に加わる。第一次安倍政権で総務大臣を務めていた菅は、安倍の辞任後も、事あるごとに励ましていた。

菅は創生「日本」にも所属していたが、もともとは保守色の強い人物ではない。専《もっぱ》ら甘利明や小此木《おこのぎ》八郎や浜田靖一《やすかず》ら無派閥の議員たちと連携して活動していた。

平成二十四（二〇一二）年八月十二日に、共同通信が「次の首相に誰がふさわしいか」という世論調査を行った。その結果は、「石破茂　九・八％」「石原伸晃《のぶてる》　九・六％」、そして「安倍晋三　六・七％」だった。

実はこの時点で安倍は世間からは「終わった」政治家と思われており、出馬表明もしていなかったため、世論調査の項目に名前が入っていなかった。菅義偉がそこに安倍の名前を入れてもらえるよう働きかけたのだ。そして出たのがこの数字だった。

菅は結果を見て、出馬表明をしていない安倍がこの数字ならば「総裁選で勝てる」と思い、翌十三日に安倍を総理にするべく動き出した。この世論調査の結果がなければ、第二次安倍政権は生まれなかったかもしれない。

後に官房長官になってからも、菅はこのデータを自分の携帯電話に保存していた。

そして、八月十五日の夜。

東京・銀座の焼き鳥店で、菅は安倍を口説いた。

「次の自民党総裁選には、ぜひ出馬すべきです。円高・デフレ脱却による日本経済の再生と、東日本大震災からの復興、尖閣や北朝鮮の問題による危機管理といった三つの課題に対応できるのは、安倍さん、あなたしかいない。絶対に出るべきです」

民主党の失政に次ぐ失政によって、日本は多くの危機に直面していた。東日本大震災からの復興は遅々として進まず、竹島、尖閣諸島など日本の領土が他国に脅《おびや》かされるまでになってしまった。

長引くデフレ・円高によって経済は低迷し、若者たちは未来に夢や希望が見出《みいだ》せずにいる。だが、安倍はずっと日本経済を回復させるための勉強を積み重ねていた。また、民主党政権下では日米関係も悪化していた。

国家観に欠け、責任感も気概もない民主党政権で、国益が損なわれるばかりの状況に、菅はますます次期総裁選へ安倍が出馬することを期待するばかりだった。

安倍が総理を辞任して五年、「もう一度、安倍晋三という政治家は、国の舵取《かじと》りをやるべきだ」。菅はそう心に強く思いながら、時が来るのを待ち続けていた。

民主党政権の存続が危ぶまれ、次の総選挙では、自民党が政権を奪回できるほどの状況に追い込まれた。だからこそ、安倍にとって最高のチャンスだと菅は読んだ。

野党・自民党の総裁選ではあるが、次の総裁選は〝総理大臣〟になる可能性のある選挙に必ずなる。当然、マスコミの注目度も高まる。それほどマスコミの脚光を浴びる選挙の場で、安倍晋三という政治家を再び国民の皆さんに見てもらおうじゃないか。

安倍晋三の主義主張というものをきちんと表明すれば、国民の期待感は高まり、一気に支持は広まるはずだ。これは、逆に安倍晋三にとっても、ものすごい自信につながるはずだ……。

菅は、そう強く確信していた。もちろん、党内では、「安倍の復帰は早すぎる。まだ禊《みそぎ》は終わっていない」という声も上がっていることは十分承知していた。

安倍自身も迷っていた。第一次安倍政権の退陣を巡る経緯に対する批判を気にしていたのだ。菅もまた、安倍に「あの辞め方は、必ず一回は批判されますよ」とはっきりと言っていた。

とはいえ、批判されているからといって、怯《ひる》んでいては始まらない。

総理を辞める理由となった安倍の体調も、開発された新薬アサコールによって治まり、体調面での心配は払拭《ふっしょく》されていた。安倍は心身ともに気力が漲《みなぎ》っていた。

総裁選出馬を決意

菅や衛藤のように安倍を総裁に推す議員はいたものの、安倍に対する国民の支持は少なかった。同じく総裁に推す声が多かった石破茂の半分ほどの票しか獲得できないのではないか、と見る人が多かった。菅も安倍の総裁選出馬をいろいろな人から反対された。安倍に近い人物のなかには、「待望論が出るまで待つべきだ」と言う人もいた。

それを、菅は「待望論は本人が出馬して、国民に訴えて初めて出てくる」と安倍を説得した。

総裁選のルールを熟知している菅の頭のなかでは、緻密《ちみつ》な計算がされていた。一回目の党員選挙で石破に七割を取られたら負けるが、六割以下なら決選投票で勝機ありと見極めていた。

出馬が見込まれていた石破茂のほか、誰が出馬しても、有効投票数となる過半数の二百五十票を獲得するのは難しいだろう。だから投票で二位になれば、その後行われる一位の候補者との決選投票で勝てると考えていたのだ。

菅は自分の見立てを話しながら、安倍を説得し続けた。

だが、安倍は首を縦に振らない。

菅は民主党政権の躓《つまず》きを並べ立て、こう続けた。

「いまこそ、日本には安倍さんが必要です。国民に政治家・安倍晋三を見てもらいましょう。総裁選に立候補すれば、安倍晋三の主張を国民が聞いてくれるんです」

菅の声は、どんどん熱を帯びていく。

「今回、出馬した際の最悪のことも考えました。でも、ここで敗れたところで、一年以内に選挙があるじゃないですか。最悪敗れたとしても、次の選挙に出馬する人たちから選挙応援を頼まれますよ。必ず地方組織から、〝応援に来てほしい〟と声が上がります。いずれにしても、次が完全に見えてくるじゃないですか」

菅の声が大きくなった。

「もう一度、安倍晋三という政治家を世に問う最高の舞台じゃありませんか？　このチャンスを逃したら、次は難しいですよ。この最高の舞台を、みすみす見逃すんですか！」

その夜の安倍と菅の話し合いは、終わりが見えなかった。

何も菅はこの時突然、安倍を口説いたわけではない。二年ほど前から、「もう一回、総理大臣をやるべきです」と安倍に言い続けてきた。この最高の舞台に、安倍を上がらせないわけにはいかない。

菅が長年抱いてきた思いが伝わったのか、この日の熱い説得を前に、とうとう安倍が首を縦に振った。既に三時間近く経っていた。

「じゃあ、やりましょう」

総裁選に出馬する前、昭恵は安倍に次のように話したという。

「森（喜朗）先生も、今回の出馬はやめておけと言っていますよ……」

森は安倍自身にもこう忠告していた。

「もし今回失敗すると、二度と総裁の芽はないぞ。待てば、必ず安倍の待望論が起こる」

しかし、安倍は昭恵に敢然と言った。

「いま日本は、国家として溶けつつある。尖閣諸島問題にしても、北方領土問題にしても、政治家としてこのまま黙って見過ごしておくわけにはいかない。俺は、出るよ。もし今回失敗しても、俺はまた次の総裁選に出馬するよ。また負ければ、また次に挑戦するよ。俺は、自分の名誉や体のことなんて構っていられない。国のために、俺は戦い続けるよ」

もし安倍が岸信介の孫でなければ、第一次安倍内閣で体調を崩し、たった一年で政権を投げ出しながら、再び総裁選に挑戦するような無謀なことはしなかったであろう。

だが、安倍は、岸が果たせなかった「憲法改正」を実現させるという宿命を背負っていた。

自民党の政権奪還が徐々に現実味を帯びるなか、平成二十四（二〇一二）年九月二十六日、総裁選が行われた。

安倍のほかに、石破茂、石原伸晃、町村信孝、林芳正が立候補し、菅は安倍の選挙対策本部で中核的な役割を担った。

第一回投票では、議員票三十四票、地方票百六十五票、合計百九十九票を獲得した石破がトップだった。安倍は議員票五十四票、地方票八十七票、合計百四十一票で二位だった。

有効投票数となる過半数の二百五十票に達しなかったため、一位の石破、二位の安倍の決選投票が行われた。

菅が「第一回投票で二位に入れれば、決選投票では勝てる」と予測していたとおり、決選投票で安倍は百八票を獲得し、八十九票の石破を上回り新総裁に選ばれた。

安倍の復活に昭恵は本人を超えた力、天命のようなものを感じた。

居酒屋経営、二つの条件

そのころ、昭恵は神田で「UZU《うず》」という店を始めた。安倍が間もなく総理になることは間違いない。なんでまた、と思うのが普通だろう。

昭恵は五年前に若い人たちが同郷ということで集まれる会がほしいと考え、「長州友の会」という会を立ち上げていた。そのときに、「どうせだったら集まれる場、サロンがあるといい。そこに行けば誰かがいて、家族的な雰囲気の場所ができたらいいね」と夢みたいな話をしていた。

偶然、神田駅近くに三年前に閉鎖した印刷会社の建物を見つけた。

「入り口にフクロウの飾りが二つついていたんです。わたしは、しょっちゅうミャンマーに行っていて、自分が資金出して学校を三校つくっています。ミャンマーでは、フクロウが幸運の神様みたいに思われているんです」

で、すぐに決めた。「UZU」という店の名は、あらゆる人が集まって渦を巻くことを願ってつけた。

晋三はOKしたが、二つの条件をつけた。

「わたしがすごい酒飲みなのよくわかっているので、釘を刺されたんです。『経営者が飲むような店は、絶対つぶれる。店では飲まないこと』。

もうひとつの約束は、借金をして始めたので、ずっとその借金がかさんでいくと大変なことになってしまう。『赤字でなければ、そのまま続けていいけれど、一年経っても赤字が続いてるような状態であれば、即、やめること』」

店は予想に反して大繁盛したが、結局晋三は一度も店に顔を出さなかった。晋三が亡くなった後、昭恵はすぐに店を閉めた。

今井尚哉が総理秘書官に

総裁に就任して約一カ月後の十月三十一日、安倍は第百八十一回国会の本会議で、野田佳彦総理の所信表明に対する代表質問に立つことになった。

代表質問を前に、安倍は今井尚哉《たかや》に連絡した。今井は第一次安倍内閣で内閣官房内閣総理大臣秘書官を務め、平成十九（二〇〇七）年に安倍が総理を辞任したあとは、経済産業省に戻っていた。

安倍は今井に「これからの政策について、少しばかり相談したいことがある」と伝えた。

十月中旬のある日、今井は久しぶりに渋谷区富ヶ谷の安倍の自宅を訪れた。そのときは、資源エネルギー庁次長として、安倍と面会したはずだった。しかしこの日は、のちに今井が経済産業省に別れを告げ、再び安倍とともに国政に汗を流すことを運命づけられた日となったのである。

打ち合わせが終わったあと、安倍は「もうちょっと時間があるかな」と今井を引き留め、一つ質問した。

「今井さん、ぼくがいずれ総理になったら、何か手伝ってくれる？」

安倍らしく、遠回しな言い方だった。今井は「何でもやります」と快諾して、安倍の家を後にした。

そして十一月十四日、あの野田総理と安倍総裁の党首討論が行われた。消費増税法案が成立した時には国民に信を問う、「今週末の十六日に解散してもいい」と言った野田を、安倍は舌鋒《ぜっぽう》鋭く追い詰めた。

「よろしいんですね、お約束ですね」

その日、安倍は今井を事務所に呼んだ。

「いよいよだ。もし第二次安倍内閣が発足したら、政務秘書官をやってほしい」

そう言われた今井は、戸惑った。そして正直な気持ちを伝えた。

「光栄なことです。ただ、申し訳ないのですが、私、政治は本当にオンチなんです。私に政務が務まるとは思えないです」

言いながら、今井は自分の発言を反省していた。十月中旬に安倍の自宅を訪れたときに、「何でもやります」と答えたのに、舌の根も乾かぬうちに、政務秘書官に難色を示したからだ。

安倍は「チームプレーでやるから大丈夫。どうか今井さんに政務をやってもらいたい」と説得した。

このとき今井は、民主党政権のことを思い浮かべていた。民主党政権では、総理に近い議員が総理補佐官を務め、本来の政務秘書官が行うような業務も担当していた。

その様子を見て、今井は、政治家が秘書官をやれば失敗するという印象を持っていた。政治家は、自分の名前を売ってこそ価値が出る。そのため、手柄は自らのものにしたいとの欲望が強く、本来の秘書官の役割を逸脱し、黒子に徹することが難しい気がしたからだ。

そう考えた今井は「政務秘書官は役人の方がうまくいくのかもしれない。とにかく黒子に徹しよう」と自らに言い聞かせ、安倍の依頼を受けることにした。

第一次安倍政権のときには、各省庁から派遣される事務秘書官であったため、役目が終われば出向元の経済産業省に戻ることができたが、政務の秘書官に就任する場合は、経産省からの出向ではなく、官僚をやめなくてはならない。事務次官を頂点とする官僚としての将来は幻となってしまう。それを覚悟しての大胆な決断であった。

安倍政権の女房役

安倍は第二次安倍政権の官房長官に、菅義偉を選んだ。

元財務省の事務次官、丹呉泰健《たんごやすたけ》は、総理秘書官として小泉純一郎総理に仕《つか》え、第二次安倍内閣でも内閣参与を務めた。そんな丹呉によると、第二次安倍内閣のキーマンは、やはり官房長官の菅だったという。

前述したとおり、平成二十四年九月に行われた総裁選に安倍が出馬したきっかけを作ったのが、菅である。そして菅の読みどおりに安倍は総裁選で勝利した。

そうした経緯もあって、安倍と菅は、小泉純一郎総理のもとで内閣総理大臣秘書官を務めた飯島勲をして「戦後最高の総理大臣と官房長官」と言わしめるほどの強い信頼性で結びついた。

小泉政権時代には、福田康夫、細田博之、さらに安倍が官房長官を務めたが、あくまでも官房長官は女房役。それに対して安倍と菅は、明確に役割を分担していた。

安倍は、自分の目指したい政策に邁進《まいしん》する。平成二十七（二〇一五）年に成立した平和安保法制をはじめとした安全保障政策にしても、あるいは外交にしても、アベノミクスにしても、安倍は思い切った政策を打ち出して実行した。当然のことながら、そのたびに永田町でも霞が関でも波風が立つ。

そのときに、党内や霞が関に睨《にら》みを利《き》かせたのが菅だった。

菅は、毎日の記者会見を行う際に、どれほどの批判を受けようとも、迎合せず、流されず、あくまでも政府としての立場をはっきりとさせることに努めた。事前に会見で発言することと発言しないことをきっちりと決めていた。

安倍が決定を下した案件は数知れない。長期政権となって、その数は多くなるばかりだった。その一つひとつを、総理が決裁していればキリがない。

菅が安倍と顔を合わせるのは、一日のうちで二度か三度だった。一回あたり、せいぜい五分ほどしか時間はない。その短い時間に、重要案件のみ、総理の判断を仰《あお》ぐ。そのときも、判断をすべて委《ゆだ》ねることはなかった。

「このような問題があって、こう考えて、こういう方向でどうでしょう」と、解決策も提示していたのだ。

菅は、解決策が十あったら、事前にABCの三つの案に絞ってから、「総理はどう思われますか」と提案する。その場合、単にABCを提示するだけでなく、「B案がいいと思いますが、総理はどう思われますか」という聞き方をしていたという。

安倍の判断は、菅の判断とほとんど違いがなかった。安倍が考える方向性や判断基準をよく理解していたので、自然と答えは導かれていたのだ。

第二次安倍内閣の立役者たち

平成二十八（二〇一六）年十一月二日、総理官邸で安倍にインタビューした。そのテーマは多岐《たき》にわたったが、第二次安倍内閣の陣容については、安倍はこう語っている。

「第二次安倍内閣発足以降の官邸での陣容ですが、総理大臣だからといっても、何でも一人ではできません。大切なのは、陣容をしっかりと整えることです。そして、政権として優先して取り組む課題を明確にすることが重要です。第二次安倍政権には、第一次安倍政権で政権運営を経験した人も多い。成功も失敗も、ともに経験しています。私自身も含めて、失敗から多くのことを学んでいます」

やはり、政務秘書官の今井尚哉の存在が大きかったという。

「今井秘書官は、第一次安倍政権でも経済産業省出身の事務の総理秘書官を務めてくれました。そしてその後も、ずっと私を支えてくれました。今井さんは、高い能力の持ち主です。彼は、麻生（太郎）政権においても、河村建夫《かわむらたけお》官房長官の秘書官として、麻生政権を支え、その後は、エネルギー庁の次長として東日本大震災を経験し、当時の政権の対応も間近で見ています」

安倍はさらに第一次安倍政権で政権運営を経験した人を挙げた。

「政策企画担当の総理大臣補佐官と広報官を務める長谷川榮一さんも、第一次安倍内閣の時でも広報官を務めています。また、外務省からの事務の秘書官の鈴木浩さんと、財務省からの中江元哉《もとや》さんは、私が第三次小泉改造内閣で官房長官を務めた際の秘書官です。みんな、官邸での仕事を一度は経験した再挑戦組が結集しているのです」

そして菅をはじめとする側近についてはこう語った。

「菅義偉官房長官も、第二次安倍内閣の発足時に官房副長官を務めていた世耕弘成《せこうひろしげ》経済産業大臣も、第一次安倍内閣で総務大臣と総理補佐官として支えてくれていました。菅義偉官房長官は、アンテナを広く張り、何か問題があれば、事前にそれを摘《つ》んでおくような役割を果たしてくれています。彼は、闘将タイプの人間ですから、平時にも強いですが、乱世にも強い。

官房副長官を務めてくれて、いま一億総活躍担当大臣を務めている加藤勝信《かつのぶ》さんや、総理補佐官の衛藤晟一《せいいち》さんも、民主党政権時代に、創生『日本』を作り、いわば臥薪嘗胆《がしんしょうたん》ともいえる時代をともに過ごしてきた仲間です。

内閣が崩壊するときは、内部から崩れることが多いですから、経験と結束の強さがやはり大事なのです」

小泉純一郎政権を長期政権にした立役者の飯島勲は、筆者に第二次安倍政権の安倍について、興味深いことを語った。

「小泉は誰から見てもカリスマだったが、小泉のために命を捨ててもいいというような覚悟で尽くす政治家や官僚は少なかった。ところが、安倍さんのためには命を捨ててもいいという覚悟の政治家や官僚がいっぱいいる。それが安倍さんの強さだ」

この組閣の時、周囲を驚かせたのは閣僚とした二人、党三役に二人の女性を起用したことである。野田聖子総務会長、高市早苗政調会長というのは自民党としても初めてだった。もしや昭恵のアドバイスがあったのか。

「女性をいっぱい入れるみたいなことは、ちらっと言ってましたけどね。わが家のわたしたち夫婦の部屋は二階なんです。わたしの部屋はすごい日がいっぱい入ってくる。ところが主人の部屋は、ちっちゃい部屋なんです(笑)。すごい暗い、全然日が入らない、この二階の中で一番かわいそうな部屋。なんかちょっとした書斎みたいな。四畳半あるかないか。組閣のときは普段よりはその部屋に籠《こ》もっていました。あと携帯電話がガンガンかかってきたりとか、そういうのがちょっとちらっと耳に入ったりとかするだけでしたね。わたしに『これはこう思ってるんだけど、どうかな』とかっていうことはなかったですね」

安倍は、インタビューの時点で四年を超える政権となった要因について、以下のように分析した。

「短命に終わった第一次政権の経験も大きかったです。一度総理を経験したということが、糧《かて》になり、第二次政権に活かすことができました。それといろんな巡り合わせもありましたが、やっぱり、人に恵まれたというのが最大だと思っています。第一次政権が終わった後に、〝もう一回頑張ろう〟と応援し続けていただいた同志や同僚の議員の皆さんがいたということですね」

「多くの一流のスタッフに恵まれたからこそ、長期政権が実現できたと思っています」と語った安倍は、ほかにも多くの名前を挙げながら、感謝の言葉を述べていた。

最初の目玉はアベノミクス

第二次安倍内閣が発足してまず、注目を浴びたのは、経済政策「アベノミクス」である。大胆な金融政策、機動的な財政政策、民間投資を喚起する成長戦略の「三本の矢」を掲げて、経済成長を促《うなが》した。

「第二次安倍政権では、『アベノミクス』を内閣の看板政策として打ち出しました。経済政策で、マクロ政策を明確に打ち出した政権は我々が初めてだと思います。

池田勇人《はやと》政権も、『所得倍増計画』を打ち出しましたが、あのときは、人口が増え、経済が拡大していくことが明らかでした。内容的には、その前の岸信介政権の経済政策を引き継いでいた面が強く、どちらかといえば、国民向けのプレゼンテーションとしての部分も強かった。

ですが、我々の場合は、金融政策を含めて、これまでの政策からの大転換です。『アベノミクス』を掲げて、経済の改善に徹底的に取り組み、そして、そこで成果を挙げたことによって、国民の期待にも応えることができました。

特定秘密保護法や平和安全法制に取り組めたのも、やはり経済政策の成功があり、そちらの面で、国民からの支持を得られたからこそできたのだと思っています。普通なら、一つの内閣が潰《つぶ》れていてもおかしくないような課題ですから。

やはり、人々の雇用を作ることが政権には求められます。それを成し遂げることができたから、ほかの法案や政策にも取り組むことができ、さらに成果を挙げることができたと思っています。

雇用でいえば、第二次安倍政権の発足以降、百十万人雇用が増えています。その前の民主党政権時代は、マイナスだった数字がだいぶ回復しました。有効求人倍率についても、一時期は、四十七すべての都道府県で、一・〇を超えていた。これは、高度成長期やバブル期でもできなかったことなのです。働く場所があり、自分の能力を生かせる場所があるということが重要なのだと思います」

約束を果たした靖國参拝

平成二十四（二〇一二）年十二月二十六日に発足した第二次安倍内閣の新閣僚には、新藤義孝総務大臣、下村博文文部科学大臣、稲田朋美内閣府特命担当大臣（規制改革）らいわゆる「タカ派」が揃った。中国や韓国との関係が悪化するなか、安倍政権の歴史認識に注目が集まった。迎えた初閣議。官房長官の菅は閣僚たちに対して、こう釘を刺したという。

「歴史認識については、内閣で統一する。発言は慎重にするように」

菅の役回りは、安倍政権における「危機管理人」だ。政権に忍び寄るリスクの芽を摘み取ることが仕事だった。

保守政治家を標榜《ひょうぼう》する安倍は、平成十九（二〇〇七）年の総理辞任後、毎年欠かさず終戦記念日などの節目に、靖國神社への参拝を続けてきたが、平成二十四年十二月に総理に返り咲いて以降は、参拝を見送った。代わりに内閣総理大臣名で真榊《まさかき》を、自民党総裁名で玉串料《たまぐしりょう》を奉納した。それでも、第一次安倍政権において参拝を見送ったことを「痛恨の極み」と悔やんでいた安倍は、参拝のタイミングを慎重に探っていた。

菅も安倍の思いは分かっている。また安倍には「国民の皆さんに参拝を約束した」という思いがあることも、よく理解していた。

安倍の周辺には、「参拝しなくても、中韓は日本批判を繰り返している。ならば、参拝する手もある」と語る人もいた。

第二次安倍政権が発足してから約三年にわたって総理補佐官を務めた衛藤晟一は、平成二十五（二〇一三）年十一月、安倍の靖國参拝に対するアメリカの考えを探るため渡米し、米政府の日本担当者らと会談した。

第二次安倍政権発足からわずか一年で、東南アジア諸国連合（ＡＳＥＡＮ）十カ国をすべて訪問した安倍には、近隣諸国と信頼関係を築いたという自負があった。靖國参拝に文句をいってくるのは、中韓だけなのだ。

そして、安倍は就任一年を迎えた平成二十五年十二月二十六日午前、ついに靖國参拝を果たした。

参拝後、安倍は報道陣に対してこう説明している。

「残念ながら靖國神社参拝が、政治外交問題化しているが、そのなかで、政権が発足して一年、安倍政権の歩みを報告し、再び戦争の惨禍で人々が苦しむことがないようにお誓い申し上げた。靖國参拝は、いわゆる戦犯を崇拝する行為であると誤解に基づく批判があるが、一年間の歩みを報告し、二度と戦争の惨禍によって人々が苦しむことのない時代を作るという決意をお伝えするためにこの日を選んだ」

中国と韓国に対しても、以下のように言及した。

「理解していただくための努力を、これからもしていく。謙虚に礼儀正しく誠意を持って対応し、対話を求めてまいりたい。ぜひ、この気持ちを直接説明したい」

菅も十二月二十六日午後の会見で、中国や韓国が強く反発していることについて、「韓国・中国は日本にとって重要な隣国であり、靖國参拝を巡る問題で両国との関係全体に影響が及ぶことは望んでいない」とし、その趣旨を謙虚に説明していく考えを示した。

また、同盟国であるアメリカが「日本の指導者が近隣諸国との緊張を悪化させるような行動を取ったことに失望している」との声明を出したことについても、「しっかりと参拝の趣旨を説明し、理解が得られるよう努めていきたい」と語った。

安倍は「国のために戦い、倒れた方々に対し、手を合わせ、尊崇《そんすう》の念を表し、ご冥福をお祈りするのは当然だ」と考えており、その考えに菅も異論はまったくなかった。基本的な考え方は、安倍も菅も同じであり、安倍は靖國で不戦の誓いをしただけなのだ。

特定秘密保護法成立

安倍政権は平成二十五（二〇一三）年十二月六日、特定秘密の保護に関する法律（特定秘密保護法）を成立させた。

この法律は、日本の安全保障に関する情報のうち、特に秘匿《ひとく》することが必要であるものを「特定秘密」として指定し、取扱者の適正評価の実施や、漏洩《ろうえい》した場合の罰則などを定めた法律である。

この法律によりその漏洩の防止を図り、「国及び国民の安全の確保に資する」趣旨であった。

特定秘密保護法が国会で審議されていたとき、テレビや新聞は連日にわたって「国民の知る権利が奪われる」などと主張し、批判的な報道を続けた。ある共産党系の団体は、アメリカ軍の最新鋭輸送機オスプレイを写真で撮ってその画像を友達に送るだけで逮捕されるといったあり得ないことも、まことしやかに言い立てた。

ある著名な映画監督が「このような法律が制定されれば、映画が作れなくなる」とあり得ないことを口にしていた。

安倍政権発足から三年以上にわたって官房副長官を務めた世耕弘成は、在任時に最も苦労したのが、特定秘密保護法を可決させることだったという。

衆議院で審議に入ったのは十一月七日。与党は日本維新の会、みんなの党と修正協議し、最終的に合意に達した。そして二十六日に自民・公明・みんなの賛成多数で可決して衆議院を通過。翌二十七日からは、参議院で審議入りが決まった。

国会の会期終了は十二月八日で、十日あまりしかない。とても今期中の解決など無理だと思われていた。

ところが、安倍はこう言った。

「支持率のことはいい。これは国家のために必要なことだ。衆議院での時間を合わせれば、もう十分に審議を積み上げてきたじゃないか。先送りして来年に持ち越したら、余計に問題を長引かせるだけだ」

世耕は覚悟を決めざるを得なかった。しかも、予算編成の時期が近づいているため、会期延長も不可能となれば死に物狂いでやるしかない。

安倍の決意は固い。

「時間がないが、何とかけじめをつけてほしい。支持率が落ちたら、また頑張って盛り返していこう」

世耕は、毎朝七時から参院国家安全保障特別委員会の理事と打ち合わせを行い、野党がどのように出てくるのかを予想して、対応策を練った。

日中は副長官室を出て、国会議事堂内の自民党国会対策委員長室に陣取った。委員会が何度もエンストを起こしながら進んでいくような状況のため、官邸にいて連絡を受けながら指示を出すのでは間に合わなかった。いろいろなトラブルが発生したが、資料提出や関係者の謝罪などにも迅速に対応した。

安倍との打ち合わせの最中でも、世耕は必要に迫られて国対に電話をして指示を出したことが何度かあった。

十二月五日、参院国家安全保障特別委員会において、与党が質疑を打ち切って採決が行われ、与党の賛成多数で可決された。

特定秘密保護法や、後述する平和安全法制は、メディアが批判の声を強め、国民からの反感を買いかねない政策だ。だが安倍は、高い支持率を背景にして、外交、安全保障政策を断行した。

憲法解釈を変更して……

第二次安倍政権の最も大きな功績といえば、集団的自衛権の限定行使を可能にした平和安全法制を成立させたことだ。

官房長官の菅と加藤勝信、世耕弘成、杉田和博官房副長官は、集団的自衛権の限定行使を容認することに対して、細心の注意を払って取り組んだ。安倍とコミュニケーションを取り、意向を聞きながら、気持ちを一つにした。また、マスコミに先入観を持たせるような発信は、絶対にしないように注意を払った。

平成二十六（二〇一四）年五月下旬から、安倍が指示を出し、自民党副総裁の高村《こうむら》正彦を座長とする「安全保障法制の整備に関する与党協議会」の会合を頻繁に開くようになった。政府は議論の叩き台として、平成二十六年現在の安保法制では、対応が不十分とする十五の事例を協議会に示した。

十五の事例は、武力攻撃に至らない日本に対する侵害にあたるグレーゾーン事態が三つ、国際協力分野が四つ、集団的自衛権を認めないと対応できないケースが八つあった。

公明党は、グレーゾーン事態や国際協力分野での対処については理解を示したが、集団的自衛権の行使が絡《から》む事例については、個別的な検討をするにつれて、限定的な容認の限度を超えることへの懸念を強め、「個別的自衛権や警察権で対応できるものもある」と、個別的自衛権の拡大を強調したのだ。

そこで、集団的自衛権行使の容認の根拠として、昭和四十七（一九七二）年に政府が参院決算委員会に提出した見解を取り上げた。自衛の措置は「国民の生命、自由及び幸福追求の権利が根底から覆《くつがえ》されるという急迫、不正の事態」に限ると記しており、この見解を援用することで、行使に一定の歯止めがかけられると考えた。

これによって、公明党は、行使の一部容認へ大きく踏み出した。

また、安倍は公明党の山口那津男代表と与党党首会談を開き、こう述べた。

「自民党と公明党は長年の風雪に耐え、意見の異なる課題でも国家、国民のため大きな結果を残してきた。与党とともに、法整備していきたい」

ここでは、それまで憲法上認められないとしてきた集団的自衛権の行使について、新たに定める以下の三要件に基づいて容認することで合意、確認した。

①我が国に対する武力攻撃が発生したこと、又は我が国と密接な関係にある他国に対する武力攻撃が発生し、これにより我が国の存立が脅かされ、国民の生命、自由及び幸福追求の権利が根底から覆される明白な危険があること

②これを排除し、我が国の存立を全うし、国民を守るために他に適当な手段がないこと

③必要最小限度の実力行使にとどまるべきこと

そして平成二十六年七月一日、政府は、従来の憲法解釈を変更し、上記の三要件に合致《がっち》する

限定的な集団的自衛権の行使を容認することを臨時閣議で決定した。集団的自衛権の行使を否定してきた戦後日本の安全保障政策が、大きく転換されることになったのである。

安倍は閣議決定後、記者会見を行い、集団的自衛権の行使容認の意義や必要性を国民に説明した。

「集団的自衛権が、現行憲法の下《もと》で認められるのか。そうした抽象的、観念的な議論ではありません。現実に起こり得る事態において、国民の命と平和な暮らしを守るため、現行憲法の下で何をなすべきかという議論であります」

そして具体的な例を挙げて、「人々の幸せを願って作られた日本国憲法が、こうしたときに国民の命を守る責任を放棄せよと言っているとは、私にはどうしても思えません。この思いを与党の皆さんと共有し、決定いたしました」と、憲法解釈変更の必要性を訴えた。

さらには、こう強調した。

「外国を防衛するための武力行使は今後もない。強化された日米関係が、抑止力としてこの地域の平和に貢献していく。平和国家としての日本の歩みは、今後も変わらない」

集団的自衛権について、安倍は「全部」ではなく「一部」あるいは「限定的」としている。

たとえば国民に「ペルシャ湾の機雷掃海は是か非か」という問いかけをすると、多くの人から「やるべき」との答えが返ってくる。が、戦争が完全に終結しておらず、一部の地域でまだ交戦が続いているような場合も当然出てくる。

そのような状況下で自衛隊を派遣するか否かは、まさに集団的自衛権にかかってくる問題である。停戦・終戦を派遣の必須条件にすれば、その海域は船舶の安全航行が保障されないまま放置されることになる。平成二十六年の集団的自衛権についての議論はそこにあるのだが、「集団的自衛権の容認が意味するのは九条の死文化だ。平和主義の根幹が変わる。自衛隊員が他国民を殺し、他国民に殺される可能性が格段に高まる」（朝日新聞平成二十六年三月三日社説）、「逆に地域の緊張を高める懸念や、米国から派兵を求められて断り切れずに不当な戦争に巻き込まれる危険もある。自衛隊員が殺し、殺されるかもしれない」（毎日新聞同年七月一日社説）などと、一部のマスコミは煽《あお》り記事ばかり書いた。

平和安全法制成立

平成二十七（二〇一五）年八月三十日、参議院で審議中の平和安全法制に反対する市民が、国会議事堂前やその周辺をぎっしりと埋め尽くした。主催者発表によると、参加者は十二万人で（警察関係者によると約三万三千人）、安保法案を巡る抗議活動では最多であった。

参加者が歩道から溢《あふ》れて、警察側が車道を開放した。市民らは国会議事堂を真正面に見据《みす》えた車道に帯のように広がり、雨のなか、「戦争法案廃案！」「安倍政権退陣！」と叫び続けた。

国会だけでなく、霞が関や日比谷《ひびや》周辺まで、プラカードや幟《のぼり》を持った人たちで溢れた。

主催したのは、平和運動を続けてきた市民らで作る「戦争させない・9条壊すな！　総がかり行動実行委員会」。五月に立ち上がった都内の大学生らが作る「SEALDs《シールズ》」のほかに、大学教授や研究者らの「安全保障関連法に反対する学者の会」、子育て世代の「安保関連法に反対するママの会」など、当時、次々とできた団体が加わって、ともに声を上げた。

民主党の岡田克也、共産党の志位《しい》和夫、社民党の吉田忠智《ただとも》、生活の党と山本太郎となかまたちの小沢一郎ら、当時の野党各党の党首や、音楽家の坂本龍一もスピーチに立った。

抗議やデモは北海道、名古屋、大阪、福岡、沖縄など全国各地で行われ、主催者の集計によれば、少なくとも全国約三百五十カ所に及んだ。時間を合わせて「法案絶対反対」などのコールを同時に上げたところもあった。

昭和三十五（一九六〇）年、祖父岸信介総理の日米安保改定に反対する学生や労働者によって、いわゆる「安保闘争」（六〇年安保）が繰り広げられた。

昭和三十五年六月十五日、全学連（全日本学生自治会総連合）主流派は、国会突入を図り、警官隊と衝突。六月十五日夕刻、石井一昌《かずまさ》率いる右翼「維新行動隊」の百三十人が、国会裏側をデモ行進中の全学連や新劇人会議のメンバーにトラックで突っ込み、双方で三十人近い負傷者を出した。

警視庁調べによると、六月十五日夜の国会デモで、警官三百八十六人、学生四百九十五人が重軽傷を負った。警官隊は催涙《さいるい》ガスを使用し、バリケード代わりに並べた十五台のトラックが炎上した。デモに参加した東京大学文学部四年生の樺《かんば》美智子が、警官隊と衝突して死亡。

安倍は、安保法制に対する抗議行動を受けて、やはり総理大臣として祖父の岸信介のことを意識し、のちに以下のように振り返っている。

「あのときも国会にはデモ隊が毎日来ましたから。ですが、祖父が安保改正をしたときと比べると、たいしたことはないと自分に言い聞かせ、乗り越えられました。安保のときは二十万人もが集まり、官邸を守れるかどうかというところまでいきましたからね」

平和安全法制は平成二十七年九月十九日に成立、翌年三月二十九日に施行された。

連邦議会での演説にアメリカが感動

総理に返り咲いた安倍がもっとも力を入れ、かつ成果を上げたのは、経済政策の基本である「アベノミクス」、日米同盟を基軸とした安全保障政策、そして積極外交である。安倍は就任してから意欲的に海外諸国を訪問した。

平成二十五（二〇一三）年一月のベトナム、タイ、インドネシアのASEAN三カ国を皮切りに、総理在任時に訪問した国の数は八十に上る。歴代総理を見ても、これほどまで海外を飛び回った総理はほかにいない。外交は、安倍や安倍内閣にとって、大きな柱の一つであった。

平成二十七年四月二十九日、安倍は、アメリカ連邦議会上下両院合同会議の演壇に立った。

上下両院合同会議としてアメリカの国会議員が一堂に会した場において、日本の総理大臣が演説を行うのは、明治維新以来初のことであった。

安倍は演説で祖父の言葉を紹介した。

「一九五七年六月、日本の総理大臣としてこの演台に立ったわたしの祖父、岸信介は、次のように述べて演説を始めました。

〝日本が、世界の自由主義国と提携しているのも、民主主義の原則と理想を確信しているからであります〟」

安倍はそれから自身の留学経験や先の大戦に触れ、英霊たちに追悼の意を表した。

さらに話は戦後の日米関係へと及び、環太平洋パートナーシップ協定（ＴＰＰ）やアジア太平洋地域の安全保障問題にも触れた。グアム基地の整備のため、二十八億ドルの資金協力をすることも約束。

そして、日米の同盟関係を「希望の同盟と呼びましょう」と締め括《くく》った。

堂々と、時には自分の体験やジョークを交えた演説が終わると、議場では割れんばかりの拍手が沸き起こった。すべての連邦議員たちが、スタンディングオベーションで安倍の演説を讃《たた》えた。

その後、議事堂のなかの一室で懇談会が開かれた。

懇談会には、当時総理外交補佐を務めていた河井克行もいた。河井が交流を重ねてきた議員が多くいたため、安倍に彼らを紹介し、安倍は積極的に意見交換をしていたという。

余談になるが、平成二十七年から約二年にわたって内閣総理大臣補佐官を務めた河井は、安倍の外遊に同行して、顔見知りの他国の要人と会った際には、必ず「自民党総裁に就任してから四回連続で、国政選挙に勝利（のちに六連勝まで記録を伸ばす）している」と安倍を紹介した。河井がそう話すと、皆一様に驚きの声を上げた。

先行きの見えにくい、舵取りの難しい時代である。日本では当たり前のように受け止められているが、民主主義の国で、一人の指導者が、そのように勝ち続けることはあり得ない。それが世界の常識なのである。

相手は選手で勝ち続けていることを話すだけで、安倍がどれだけリーダーシップを発揮しているリーダーかを知る。日本と外交するのであれば、安倍と話をせざるを得ないと理解する。先進諸国で、堅調に政権を維持できていたのは、日本の安倍政権だけだったのだ。

共和党のジョン・ベイナー下院議長が、安倍の演説に対して声明を発表した。

「この日が、我々の同盟の歴史における誇らしい転機だったと、将来世代は振り返るだろう」

この評価は、ベイナーだけでなく、ほかの連邦議員をはじめとするアメリカの評価でもあった。安倍の連邦議会での演説は、まさにアメリカ連邦議会の与党野党という垣根を越えたのだ。安倍への親近感は深まり、アメリカは同盟国である日本との関係を強く確認することになった。

米議会での演説から一年一カ月後の平成二十八（二〇一六）年五月二十七日には、バラク・オバマ大統領が、アメリカの大統領として初めて、広島で行われた式典に出席した。

式典では自らの手で折った鶴を出迎えた小中学生に手渡し、献花をし、「核兵器のない世界の実現を目指す」と声明を発表。そして被爆者たちを抱擁し言葉を交《か》わした。

「核兵器廃絶」を謳《うた》い続けてきたオバマは、広島訪問の強い意思を持っていた。それがなかなか実現できなかった要因はいくつもある。

その一つが、当時は上院議員と下院議員のいずれも、オバマが所属する民主党ではなく、共和党が過半数の議席を獲得しているという、政治的な現実があった。

アメリカは、広島と長崎への原爆投下によって、昭和二十（一九四五）年末まで二十万人もの人の命を奪ったことを「勝利するために必要だった」と正当化しつつ、そこに触れるのをタブー視してきた。それを踏み越えて広島を訪問すれば、議会からの反発を受け、政治的に立ちいかなくなる可能性があった。

オバマの広島訪問が実現できた背景には、安倍の演説に連邦議会の議員たちが感銘を受けたということがある。安倍の演説は、それほど大きな意味を持つものだったのである。

安倍政権で外遊時の安倍のスピーチライターをつとめた谷口智彦はこう語っている。

「（『希望の同盟』という言葉は）それはまさしく、日米同盟のベクトルを、思うさま未来に振り、それでこそ手にできる明るい色彩で、同盟の意義とイメージを一挙に塗り替えようとする試みだったと言えます」

日米関係について

安倍は、民主党政権で冷え切っていた日米関係を改善した。また、アメリカと良好な関係を築いてきた過去の自民党政権は、どちらかといえばアメリカの要望どおりに政治を行い、アメリカに飼われている犬（ポチ）のようにアメリカに従順という意味で「アメポチ」と揶揄《やゆ》されることもあった。

しかし安倍は、歴代総理で初めて、アメリカと対等な関係を築いたのではないだろうか。特にドナルド・トランプ大統領には慕《した》われ、国際会議では、トランプが安倍の意見を聞く場面が多くあった。

核兵器を持たず、憲法九条という縛りがある日本は、安全保障の面でアメリカに依存せざるを得ない。そんなアメリカとの関係について、安倍はどう考えていたのか。

「今後の日米関係の行方についてですが、アメリカは、経済力においても軍事力においても、世界のなかで圧倒的パワーを持つことに変わりはありません。かつてのパワーこそないかもしれないが、そうであることに変わりなく、そうあり続けるでしょう。

そのアメリカと同盟を結ぶ。これは、日本の国益を考えれば戦略的に正しい判断です。

アメリカの国防省には、日米関係の重要性を十分理解してもらっていますが、今後、アメリカ側に日本との同盟がどのようにアメリカの国益となっているか、さらに理解してもらうことは、必要不可欠です。

アジア太平洋地域において、アメリカが前方展開戦略で軍事的プレゼンスを維持し、アメリカしかできないことをやり、それが大きな影響力につながっていく。これは、当然、経済的利益にも通じていくことになります。

この前方展開戦略の要《かなめ》が、日本であることに間違いはありません。アメリカ軍の空母などの基地となり、整備ができる国は日本だけです。中国で整備するなど、到底考えられませんから。

当初、アメリカの議会は、空母の整備を日本ですることにみんなが反対していました。一九七九年から一九八八年まで米国防総省の日本部長を務めたジム・アワーさんから聞いた話ですが、彼は、〝日本なんかで、アメリカの空母は整備できない〟という声がアメリカ議会で強いなか、議員一人ひとりを説得して回ったそうです。

そのとき、ジム・アワーさんは、〝世界のなかで、どの国が初めて空母機動部隊を作戦に使ったか、知っていますか？　真珠湾を忘れたのですか？〟と、そういって説得していったそうです。

いまでは、日本を母港にし、日本で整備をしている米軍の空母が一番寿命は長いそうです。空母には、四千人ほどの船員が乗船していますが、出港の日、食材も含め必要な物資等が一番揃うのも日本です。このようなことは、簡単にできることではありません。

日本は、もっと胸を張っていいのです。むしろ、日本を基地にしている利益を、アメリカは享受しているのですから。

日米同盟においては、平和安全法制を整え、新たな『日米防衛協力のための指針』、いわゆる『ガイドライン』を作りました。これにより、日米関係ははるかに絆《きずな》が強くなりました。このことは、オバマ大統領もハリス（ハリー・B・ハリス・ジュニア）米太平洋軍司令官も認めています。

また、日本がやるべきことをやっていくなかで、当然、日本の発言力も強くなっていきます」

安倍が掲げた外交方針とは

安倍の外交姿勢は、平成二十四（二〇一二）年十二月に発表された「セキュリティダイヤモンド構想」に表されている。総理就任の一カ月ほど前に自民党総裁として、NPO法人を通じて発表された構想で、政府の文書としては認められていないが、そこには、安倍の危機感に基づいた外交姿勢が述べられている。

中国の台頭によって、インド太平洋地域の安全保障環境は激変した。空でも海でも、中国が拡張主義的な振る舞いを続けている。

だからこそ、安倍は、日本、オーストラリア、インド、そしてアメリカが連携し、インド太平洋の地域の繁栄を築き上げていくべきだと主張している。ちなみにこれらの国を一本の線で結ぶとダイヤモンドの形になる。だから安全保障ダイヤモンド構想と名づけられた。

この構想はのちに「自由で開かれたインド太平洋構想」に発展し、日本政府の外交方針となっていく。やはり中国を意識した構想で、インド洋と太平洋の国々が手を結び、国際社会の安定を目指したものだ。

安倍は、月刊『文藝春秋』令和四（二〇二二）年二月号で、これからの十年を考えると、日本が直面する最も大きな課題は、中国の台頭だと語っている。

「中国の脅威に対抗するために、日米同盟は必要不可欠です。しかし、それだけでは不十分。そこで日米同盟に加え、関係各国との連携を強化しようと提案したのが日米豪印四カ国での戦略対話『クアッド』です。二〇〇七年に対話を呼びかけましたが、当時は残念ながら、局長レベルの会合を一度やったきりで頓挫してしまった。時期尚早だったのでしょう。

それから紆余曲折《うよきょくせつ》はありましたが、各国の中国に対する見方も一致してきました。外相レベルの対話を経て、昨年九月に首脳会談が実現しました。

さらに有志国と一つの大きなビジョンを共有すべく、二〇一六年に参加したアフリカ開発会議では『自由で開かれたインド太平洋』の構想を提唱。インド太平洋地域の平和と安定のため、普遍的な価値観を共有する各国の連携強化を訴えました。アメリカのトランプ政権（当時）はいち早く賛同。欧州諸国は当初こそ中国の脅威に楽観的でしたが、最近は危機感を強めている。イギリスやフランスはフリゲート艦や空母をインド太平洋地域に派遣し、当該地域へのコミットメントを高めてきています」

戦後七十年談話

平成二十七（二〇一五）年八月十五日に戦後七十年を迎えるにあたって、安倍はその前日に発表する「戦後七十年談話」を熟考した。政務秘書官の今井尚哉とは、この談話の内容を幾度となく話し合った。談話が安倍にとって大きな勝負所になることを、今井は理解していた。

有識者を集めて、歴史を素直に見つめ直し、いつ日本が間違った道を選んでしまったのかをきちんと整理する。そして客観的事実のうえに談話を発表すべきだと安倍は考えた。

こうして、平成二十七年二月に有識者会議が発足する。

有識者会議では、「日本の侵略」を肯定する国際大学学長の北岡伸一らと、それに異を唱える京都大学名誉教授の中西輝政《てるまさ》との意見が割れた。しかし、中西も「ある一定の部分は、侵略と言われてもしょうがない」と認めていた。

談話発表については、マスコミも大きく騒ぎ立てた。特に朝日新聞、東京新聞、毎日新聞は「植民地」「侵略」「お詫び」などのキーワードを盛り込むよう社説に掲載するなど、世論を誘導する動きを見せていた。

たとえば朝日新聞は「戦後70年の安倍談話　何のために出したのか」（八月十五日付）と題した社説でこう書く。

「安倍首相の談話は、戦後70年の歴史総括として、極めて不十分な内容だった。侵略や植民地支配。反省とおわび。安倍談話には確かに、国際的にも注目されたいくつかのキーワードは盛り込まれた。

しかし、日本が侵略し、植民地支配をしたという主語はぼかされた。反省やおわびは歴代内閣が表明したとして間接的に触れられた。

この談話は出す必要がなかった。いや、出すべきではなかった。改めて強くそう思う」

なぜ、マスコミはどの言葉を入れるのか入れないのか、それだけにしか関心を払わないのか、今井は苦々しく思っていた。全体としてのメッセージこそ重要なのである。

一方、安倍が最初に作った原案には、すでに「植民地」「侵略」「お詫び」の文字が記されていた。誰かに何かを言われたから、安倍が入れたということではない。

マスコミの誘導に乗らずとも、安倍が歴史的検証の過程で、できるだけ広く国民に受け入れられる言葉の選択に成功していることを、今井は感じていた。

問題は、安倍の個人的色彩の強い談話とするか、それとも、内閣による談話として発表するかであった。

今井は、「この談話は、歴史に残る談話になります。やはり、閣議決定の方が重みを増すと思います」と安倍に進言した。ちなみに菅官房長官も今井と同じ考えだったという。

安倍も、有識者会議による歴史的な検証のうえに自らの認識と言葉を練り上げていく過程で、内閣の談話として発表する意向に傾いていった。

八月十四日午後六時、安倍は「戦後七十年談話」を発表した。

そのなかには、「事変、侵略、戦争。いかなる武力の威嚇《いかく》や行使も、国際紛争を解決する手段としては、もう二度と用いてはならない」との文言《もんごん》が含まれていた。

この一文は、安倍が自ら考え抜いたうえで書いたものである。そしてこのとき、安倍は初めて日本の歴史に「侵略」があったと認めた。

談話発表の会見で、記者に「過去において、一部は侵略だったということですか」と問われ、安倍はこう答えている。

「過去においての侵略はあった、そういうことです」

同時に、この談話の核心部分ともいえるメッセージを、安倍は自ら考え抜いた。

「あの戦争には何ら関わりのない、私たちの子や孫、そしてその先の世代の子どもたちに、謝罪を続ける宿命を背負わせてはなりません」

この一文に、安倍がこの談話に込めた魂を今井は感じた。

安倍が談話に託した思い

安倍はどのような思いで談話発表に至ったのだろうか。

「準備は、六月ごろから入念にやっていました。執筆には、今井尚哉総理秘書官と佐伯耕三《さいきこうぞう》内閣副参事官がサポートしてくれました。

私が原案を口述し、それをベースにして自ら何回も書き直すという作業を重ねていたんです。

この七十年談話についても、多くのマスコミは、〝植民地支配〟〝侵略〟〝お詫び〟〝反省〟という四つのキーワードが談話に盛り込まれるか否かという点にばかり焦点を当てていましたが、この談話を最初から最後までよく読んでもらえば、これまでの『村山談話』や『小泉談話』とは明らかに違う点があることが理解できると思います。

これまでの談話と何が違うのか。それは、戦後五十年、六十年の談話は、先の大戦以降のことばかりが書かれています。特に村山談話では〝国策を誤り、戦争への道を歩んだ〟と、何を反省し、そこからどのような具体的な教訓を汲《く》み取ろうとしているのか、明らかではない。

決定的な違いは、『村山談話』は、世界の動きに言及していません。その一方、『戦後七十年談話』は、百年前の世界に言及している点です。

七十年談話は、〝百年以上前の世界には、西洋諸国を中心とした国々の広大な植民地が、広がっていました。圧倒的な技術優位を背景に、植民地支配の波は、十九世紀、アジアにも押し寄せました。その危機感が、日本にとって、近代化の原動力となったことは、間違いありません〟と冒頭で述べています。

百年前の世界に、初めて触れたのが『戦後七十年談話』なのです。欧米の植民地支配の時代です。植民地にされた国か、植民地を擁する国か、そのどちらかに分かれていた。それが、第一次世界大戦を経てブレーキがかかり、新たな国際社会の潮流が生まれました。

しかしその後、世界恐慌が起きると、日本は、孤立感を深め、世界の大勢《たいせい》を見失っていきました。そういう時代のなかで、新しい国際秩序への挑戦者になった日本について書いたわけです。

世界がどんな状況にあり、日本はどういう立場に置かれていたのか。これまでの政府は、まったく、そういった具体的な思考ができなかった。ずっと、ただ謝ることしかできなかった。

しかし、歴史には必ず因果関係があります。その関係を振り返らないで、真の言葉は発せません。

『七十年談話』では、国際社会の潮流の変化に日本も、当初は足並みを揃えていたが、次第に、進むべき針路を誤り、戦争への道を進んでいったということが書かれてあるのです。これが、一番大きなメッセージです。その点を、よく見ていただきたいですね。

尊《とうと》い犠牲のうえには、犠牲を生み出すことになった過去の原因の歴史があり、そして、現在の平和があります。これが戦後日本の原点です。二度と戦争の惨禍を繰り返してはならない思いは、万国共通の思いです。

〝インドネシア、フィリピンはじめ東南アジアの国々、台湾、韓国、中国など、隣人であるアジアの人々が歩んできた苦難の歴史を胸に刻み〟と言及しましたが、東南アジアの国々は、十六～十七世紀以来、長く植民地支配を受けてきました。

台湾は、日本統治の前にオランダなどの支配を受けてきました。

そうした思いのなかで、韓国、中国よりも先に台湾を明記しました。未来に思いを馳《は》せれば、戦後生まれの世代が、いまや人口の八割を超えています。あの戦争には何ら関わりのない子や孫、その先の世代の子どもたちに、謝罪を続ける宿命を背負わせてはなりません。

むしろ、私たちがなすべきことは、日本が戦後国際社会に復帰できた、寛容の心と、和解に力を尽くしてくれた人々への感謝です。そして、歴史の教訓を深く胸に刻み、よりよい未来を切り拓《ひら》いていく。その責任を果たしていくことだと考えています。

国際秩序への挑戦者となってしまった過去を胸に刻み、積極的平和主義の旗を高く掲げ、世界の平和と繁栄にこれまで以上に貢献する決意を、『七十年談話』には記しました」

幹事長に二階俊博を選んだ意図

平成二十八（二〇一六）年八月三日の自民党役員人事で、安倍は二階俊博を幹事長に指名した。その直前まで、幹事長の職に就《つ》いていた谷垣禎一《たにがきさだかず》が、七月十六日に、趣味のサイクリング中に転倒。当初、谷垣の怪我の程度は軽いとされていたが、幹事長職の続行は難しいという結論が出た。

二階は南米・ペルーを訪問中に安倍からの電話を受けた。七月三十日のことだ。「八月一日に一人で総理官邸に来てほしい」という。「〝一人で来てほしい〟ということは、人事面の相談事だろうな」と察しがついた。

当日、総理官邸で安倍は二階にこう告げた。

「幹事長をお引き受けいただきたい。すべてをお任せします」

二階は幹事長に就任。その後、歴代最長となる五年二ヵ月にわたって幹事長を務めることになる。

安倍はこのときの事情をこう明かした。

「谷垣さんの前任の幹事長は石破茂さんでしたが、石破さんの後任を考えたときも、その人選に非常に苦労しました。石破さんとは総裁選をともに戦い、そのときは多くの地方票を獲得されていましたから。〝石破さんに代わって誰に頼もうか〟ということで、前総裁にあたり、自民党の野党時代に党をまとめていただいた谷垣さんにお願いしました。党内の信望も厚い谷垣さんに引き受けていただいたことで〝石破さんが交代するのか〟という党内の空気が、このときかなり落ち着いたんです。

その谷垣さんが不慮の事故で幹事長を辞めざるを得ないという状況になってしまった。谷垣さんの存在は大きく、代わりになる人は滅多にいません。

やっぱり、与党が安定していなければ、政策を進めることはできない。政権の力の源泉は、党の安定に尽きます。かつての自民党には、河野一郎のような実力者といわれた人たちがいましたが、そういう実力者として、私の頭に浮かんだのが、二階俊博さんだったのです」

河野一郎は、日本自由党の幹事長や自民党の総務会長を務め、第一次鳩山一郎内閣で農林大臣、池田勇人《はやと》内閣で副総理を務めるなど、戦後の保守政界の重鎮の一人であった。第二次岸田文雄改造内閣でデジタル担当大臣を務める河野太郎の祖父にあたる。

「二階さんには第一次安倍政権で国会対策委員長を務めていただいたときも、本当にしっかり仕事をしてもらっていました。そういう面では、いろいろと信頼していましたので、この人しかいないと幹事長にお願いをしました。前任の谷垣さんは、温厚な性格もあって、自民党全体を包み込むように党を掌握していました。二階さんは、長年蓄積された政治に関する知識と技術で党を掌握してくれました」

元財務省の事務次官、丹呉泰健は二階俊博を幹事長に据えたのは、安倍のしたたかさだという。

自民党内を見回すと、安倍総裁に敵はなかった。ライバル的な存在といえば石破茂だが、幹事長を退任して以降、党の重職からも離れている。党内は無風状態といっていい状態だった。そのなかにあって、異彩を放っているのが二階俊博だった。

安倍が重視している外交、特に対中国政策については、親中国派である二階は、安倍とは一線を画《かく》す。

二階が執行部から外れれば、党人派の流れを汲むアンチ安倍派の先鋒《せんぽう》となってもおかしくない。政界に幅広い人脈を持っているだけに、ひとたび反旗を翻《ひるがえ》すとなると厄介な存在だ。その二階を、幹事長に据えた。総理の安倍に代わって、自民党を束ねる立場に据えたのだ。

二階が、小泉政権時代から力を注いできた「日本の観光立国化」が実現し、新型コロナウイルスが世界で蔓延《まんえん》する前は、観光は日本にとってなくてはならない産業の一つとなっていた。平成二十六（二〇一四）年の訪日外国人旅行者は一千三百四十一万人に達し、その旅行消費額も、四三％増の二兆二百七十八億円に達した。地方創生にもつながるだけに、安倍も重視した産業である。

それとともに、二階の起用は安倍にとってもプラスに働く。

安倍を支えるのは、外交的に、特に中国に対して強い姿勢を崩さない識者、政治家が多い。安倍が偏《かたよ》った思想、姿勢の人たちに囲まれているのであれば、相手側も、安倍をそのような人物と見て、議論などはいっさい進まなくなる。そこに二階がいて、交渉役としてあいだに入ることで、日中関係にもよい影響を与えたに違いない。

二階の起用、そこに安倍のしたたかさが見えてくる。

自民党総裁の任期を延長

幹事長在任中の二階の功績といえば、自民党の党則改正を主導し、平成二十九（二〇一七）年三月の自民党大会で、総裁任期を従来の二期六年から三期九年への延長に一役買ったことである。こうして平成二十四年に総裁に就任した安倍は、平成三十年で任期を終えるのではなく、さらに三年、総理・総裁を務めることが可能になった。安倍は言う。

「党則の改正は、高村正彦副総裁が本部長を務め、茂木敏充《もてぎとしみつ》政調会長が本部長代理を務めた自民党の党・政治制度改革実行本部で党内議論を進めたのですが、党内には党則改正に反対の論陣を張っている人たちもいました。そのあたりを、やっぱり二階さんの懐《ふところ》の深さで政治的に収めていただきました。

二階さんは政治的な力もありますが、政治的な発言をするタイミングが抜群なのです。もちろん誰が発しても、同じ効果が生まれるわけではありません。二階さんだからこそ効果を発揮できる発言を、最良のタイミングで繰り出します。やはり秘書時代からの長い政界での経験で培《つちか》った勘が抜群なのでしょうね。私は、二階さんを〝タイミングの魔術師〟だと思っています」

二階は、遠藤三郎の秘書になって以来、六十年近く政界で生きてきた。野党経験も長いため、公明党をはじめとする他党とのパイプも誰よりも太い。さらに二階は、一度できた相手との縁を自分から切るということはせずに、あらゆる人間関係を大事にする。

安倍も総理在任中、様々な場面で二階に支えられたという。

「たとえば、予算委員会などで政府が追及されて苦境に立っていても、二階さんは、いつもどっしりとしています。会うと〝こんな問題は微々たる問題ですから、党は任せておいてください〟といってくれる。〝党も大変ですよ〟なんて言ってくることは一度もありませんでした」

二階は中国との外交も積極的に行っている。

「外交は、お互いの間口を広くしておくことが必要ですから。中国は隣国であり、体制も異なることから、中国とのあいだには様々な問題があります。中には日本としては、きっちり筋を通さなければならないことや、国益や主権に直結することもあります。

しかし、そういう問題を解決するためにも、話し合わなければなりませんから、そういう窓口を中国とのあいだでも、常に開いておこうというのが、二階さんの考えです。

時には、二階さんのルートで、先方にサインを送ったりすることはできますから。二階さんもそのあたりを心得てやっておられるのだと思います。二階さんは、長きにわたって中国とのあいだで、パイプを培っています。先方にも、信頼されていますから」

日本のような議院内閣制の国で、強い政権を作るためには、与党との安定した関係が欠かせないとも。

「やっぱり政権を維持するうえでは、与党である自民党との関係が大事なのです。

以前、二〇一六年七月から二〇一九年七月にかけてイギリスの首相を務めたテリーザ・メイさんと大統領と首相の違いについて議論したことがあります。

大統領というのは、常に野党と対峙《たいじ》し、倒されるときは、野党によって倒されます。ですが、首相というのは、野党と対峙しているように見えて、実際には与党との関係において、引きずり下ろされるケースが多い。

彼女もブレグジット（イギリスのEU離脱）をどうするか、与党・保守党との関係で悩まされていました。

このように首相は、野党と対峙しているだけじゃなく、後ろの与党も見ておかなければなりません。そういう意味では、二階さんが幹事長を務めてくれていることで安心できました。長期政権を築くうえで与党の幹事長の役割は大きいのです。最初は総裁選に勝って勢いでいきますが、後半になってくるほど政権運営が難しくなってきますから。そういう意味では政治的技術のある二階さんの存在は、重石《おもし》となりましたよ」

安倍政権を襲った「モリ・カケ・桜」

安倍は、平成二十四（二〇一二）年九月に自民党総裁に就任してから、政権復帰を果たした平成二十四年十二月の衆院選を皮切りに選挙で連勝を重ね、総裁選も無投票再選を含めて三連勝。一時的に支持率を落とすことはあっても、ずっと安定した政権運営を続けてきた。

ところが、平成二十七（二〇一五）年九月、後に長く安倍政権を悩ます事件が起こる。

妻・昭恵が大阪の森友学園が経営する予定の「瑞穂の國記念小學院」の名誉校長に就任し、その後、この学園の建設予定地の国有地払い下げに関連して、昭恵が関与したのではないかとメディアに指摘され、国会でも野党によって追及されることになった。

平成二十九（二〇一七）年二月十七日、安倍は国会でこの疑惑を追及された際、関与を強く否定した。

「私も妻もいっさいこの認可にも、あるいは国有地の払い下げにも関係がないわけでありまして、私が、妻が関係していたということになれば、まさに私は、それはもう間違いなく総理大臣も国会議員も辞めるということは、はっきり申し上げておきたい」

自身の問題ならば、ここまで感情的にはならなかっただろう。昭恵が絡んでいるからこそ、安倍はムキになって強い言葉を使ったのだ。

次いで「加計《かけ》学園問題」が持ち上がった。

これは、愛媛県今治《いまばり》市における加計学園グループの岡山理科大学獣医学部新設計画を巡る問題で、平成二十九年三月十三日、参議院予算委員会で社民党の福島瑞穂がこの疑惑に関して質疑したことで、国会で論戦が始まった。

文部科学省は長年獣医学部の新設を認めなかったが、平成二十九年、安倍内閣によって国家戦略特別区域に指定された今治市で、岡山理大により獣医学部が新設されることになった。この時、昔からの友人である岡山理大理事長の加計孝太郎の依頼を受け、今治市、岡山理大ありきで獣医学部の新設が進められたのではないかという疑惑である。安倍内閣および政府は、加計学園に「特別の便宜」を図ったとの疑惑を否定した。

森友、加計の問題は朝日新聞や野党によって、その後二年間にわたって追及されたが、結局、安倍や昭恵が関与しているという具体的証拠は何一つ出てこなかった。

さらに、「桜を見る会」が問題となった。

平成三十一（二〇一九）年四月十三日に開催された桜を見る会について、経費が当初の予算の三倍となる約五千五百十八万円に上っていたことが、衆院決算行政監視委員会で明らかとなり、問題視されたのだ。

第二次安倍政権における五年間で、支出は毎回設定されている予算額約一千八百万円を超過。金額・参加者ともに毎年増え続け、参加者は約一万八千人に膨れ上がっていた。安倍の選挙区である山口県からの参加者が多いことなども指摘された。

また、安倍晋三後援会が「桜を見る会」の前日に開いた夕食会の費用を補塡《ほてん》していた問題も浮上し、令和二（二〇二〇）年十二月二十四日、東京地検特捜部は、安倍晋三後援会代表の秘書を、政治資金規正法違反（不記載罪）で略式起訴。安倍については嫌疑不十分で不起訴処分とした。

どれだけ安倍がこれらの問題への関与を否定しても、多くのメディアと野党は執拗《しつよう》に追及しつづけ、国会での議論もこれらの問題の追及に多くの時間を割《さ》かれ、審議すべき議題は後回しにされた。

再び悪化した持病

令和二年に入ると、政権はさらに苦境に立たされた。

中国・武漢で発生した新型コロナウイルスの感染拡大により、予定されていた東京オリンピック・パラリンピックの一年延期が決定したのである。

また、新型コロナへの対応では「アベノマスク」と揶揄《やゆ》された布マスクの全戸配布や、安倍が自宅でくつろぐ動画の投稿などが世間の批判に晒《さら》された。

同年五月に行われた朝日新聞の世論調査では、支持率は、第二次安倍政権で最低の二九%を記録し、厳しい政権運営を強《し》いられた。

だが、八月に入って以降の永田町における最大の関心事は、安倍の体調問題であった。

安倍は八月十七日に、東京都新宿区にある慶應義塾大学病院に約七時間半滞在して、日帰り検査を受診していた。さらに翌週の八月二十四日にも、追加検査として通院。

ちなみに二度目の検査を受けた八月二十四日には、安倍が自らの大叔父《おおおじ》・佐藤栄作の総理連続在任日数記録の二千七百九十八日を超える二千七百九十九日目を迎え、最長記録を更新した日でもあった。

すでに述べたとおり、第一次安倍政権は持病の潰瘍性《かいようせい》大腸炎の悪化によって終焉《しゅうえん》したのだ。通院後に安倍総理から具体的な説明がなかったこともあって、「持病が悪化しているのでは」との推測が流れ、官房長官の菅をはじめとした官邸サイドは、健康不安説を一様に否定していた。

菅は、八月二十六日の記者会見で、健康不安説を打ち消すかのように語った。

「安倍総理自身がこれからまた仕事を頑張りたいとおっしゃっている。私自身が毎日お目にかかっても、お変わりはないと思っている」

こうした声に加え、二十七日には「翌日午後五時から、安倍が新型コロナ対策に関する記者会見を開く」という官邸の発表があったため、永田町では「会見で自身の健康状態について説明し、続投するのでは」という楽観的な見方が主流になりつつあった。

しかし八月二十八日、日本列島に激震が走った。安倍が辞任を発表したのである。

二度目の電撃辞任

令和二（二〇二〇）年八月二十八日午後二時七分、「列島ニュース」を放送中だったＮＨＫは速報を流した。

「安倍首相　辞任の意向を固める

持病悪化で国政への支障を避けたい」

安倍の辞任を伝えたＮＨＫの第一報は、日本中を駆け巡った。

ＮＨＫの速報は総理続投の観測を打ち消すだけでなく、午後五時にセットされた記者会見の目的が辞任表明にあることまでも明らかにした。

実はＮＨＫが一報を伝える前から、官邸では異変が起きていた。

二十八日午前十時からの閣議の終了後、安倍は麻生太郎副総理兼財務大臣と会談。安倍は、このとき初めて、麻生大臣に辞任する意向を伝えたという。

麻生にとっても安倍の辞任は予想外だった。

麻生は、前日の夜、自らが率いる麻生派（志公会《しこうかい》）の幹部たちと会食し、「総理は元気になっているから、辞めることはないだろう」と希望的な観測を伝えていたのだ。

驚いた麻生は、安倍総理を強く慰留したが、安倍が一度決断したその考えを翻すことはなかった。

NHKの一報が駆け巡っていたのと同じ時刻、幹事長の二階俊博は、自民党本部で当事者の安倍と会談していた。会談には、二階の側近であり、幹事長代理の林幹雄《もとお》も同席した。

二階はこの会談で、安倍から辞任の意向を直接伝えられ、今後の党運営などについても協議した。

辞任の意向を受けて、二階は午後三時から、自民党の臨時役員会を開催。この臨時役員会では、安倍の後任を選ぶ総裁選についての協議を行い、後任選びの手続きが幹事長の二階に一任されることが決まった。

党内からは、政治空白を避ける狙いから、両院議員総会による総裁選挙とする方向で調整することになり、九月一日の総務会で正式に決定したうえで、党総裁選挙管理委員会で具体的な総裁選の日程を決定することになった。

安倍が記者に語ったこと

八月二十八日の午後五時、安倍は記者会見に臨んだ。

会見の冒頭で、新型コロナ対策の新たな「政策パッケージ」を表明し、さらに北朝鮮の脅威に備えて安全保障政策の新たな方針について協議していることも説明。そして、そのあとに自らの辞任について語った。

「十三年前、私の持病である潰瘍性大腸炎が悪化をし、わずか一年で総理の職を辞することになり、国民の皆さまには大変なご迷惑をおかけいたしました。その後、幸い新しい薬が効いて体調が万全となり、そして国民の皆さまからご支持をいただき、再び総理大臣の重責を担うこととなりました。

この八年近くのあいだ、しっかりと持病をコントロールしながら、何ら支障なく、総理大臣の仕事に日々全力投球することができました。

しかし、本年、六月の定期検診で再発の兆候が見られると指摘を受けました。その後も、薬を使いながら、全力で職務に当たってまいりましたが、先月中ごろから、体調に異変が生じ、体力をかなり消耗する状況となりました。そして八月上旬には、潰瘍性大腸炎の再発が確認されました。

今後の治療として現在の薬に加えまして、さらに新しい薬の投与を行うことといたしました。今週初めの再検診においては、投薬の効果があるということは確認されたものの、ある程度継続的な処方が必要であり、予断を許しません。

政治においては、最も重要なことは結果を出すことです。政権発足以来七年八カ月、結果を出すために全身全霊を傾けてまいりました。病気と治療を抱え、体力が万全でないというなか、大切な政治判断を誤ること、また結果を出さないことはあってはなりません。国民の皆さまの負託に自信を持って応えられる状態でなくなった以上、総理大臣の地位にあり続けるべきではないと判断いたしました。総理大臣の職を辞することといたします。

現下の最大の課題であるコロナ対応に障害が生じるようなことはできる限り避けなければならない。その一心でありました。悩みに悩みましたが、感染拡大が減少傾向へと転じたこと、そして冬を見据えて対応策を取りまとめることができたことから、新体制に移行するのであれば、このタイミングしかないと判断いたしました」

安倍は、残された課題についても語った。

「この七年八カ月、様々な課題にチャレンジしてまいりました。残された課題も残念ながら多々ありますが、同時に様々な課題に挑戦するなかで達成できたこと、実現できたこともあります。

拉致《らち》問題をこの手で解決できなかったことは、痛恨の極みであります。ロシアとの平和条約、また憲法改正、志《こころざし》半ばで職を去ることは断腸の思いであります。

治療によって、何とか体調を万全として、新体制を一議員として支えてまいりたいと考えております。国民の皆さま、八年近くにわたりまして、本当にありがとうございました」

その後の記者との一問一答で、記者から辞任を具体的に判断した時期や、相談相手の有無について訊かれて、以下のように答えた。

「月曜日（八月二十四日）にそういう判断をしました。そのなかで、この秋から冬に向けてのコロナ対策を取りまとめなければならない。そして、その実行の目処《めど》を立てる、それが今日の日となったということであります。この間相談したかということですが、これは私自身、自分一人で判断をしたということであります」

記者会見は、突然の辞任となった第一次政権のときとは違い、政策に一定の道筋をつけて退陣するかたちを作るという安倍総理の思いが滲《にじ》むものであった。

元勲に思いを寄せて

安倍が二度目の総理大臣を退任すると、安倍を二度目の総理へと押し上げた議員グループ創生「日本」が再始動した。

まず令和二（二〇二〇）年十月二十五日の夜、文京区のホテル椿山荘《ちんざんそう》東京で、創生「日本」は総理を退いた安倍の慰労会を開いた。

椿山荘は、かつて明治維新で活躍した長州藩出身の元勲《げんくん》の一人、山縣有朋《やまがたありとも》の屋敷だった所だ。

安倍はその会合の席で、議員たちに伊藤博文の暗殺についてこう語った。

「山縣有朋は、北満州のハルピン駅構内で朝鮮人の安重根《アンジユングン》によって暗殺された伊藤博文の人生を羨《うらや》ましいといっていたそうです。〝吉田松陰《しよういん》も高杉晋作も亡くなって自分だけがいまだにおめおめと生きている。死ぬときは畳の上では死にたくない。最後まで戦って死んだ伊藤の生き様が羨ましい〟と言っていたほどだった」

山縣と並ぶ明治の元勲の一人である伊藤は、総理大臣を四度務めたのち、明治三十八（一九〇五）年から初代韓国統監を務めたが、明治四十二（一九〇九）年六月に韓国統監の職を辞し、枢密院《すうみついん》議長に転じた。そしてその年の十月二十六日、ハルピン駅で朝鮮人テロリストの安重根によって狙撃され、死亡した。六十八歳であった。

一方、伊藤のような激烈な生涯を望んでいた山縣は、伊藤の死後、最有力の元老《げんろう》となり、長く生き抜いた。山縣は、軍部・官界・枢密院・貴族院に幅広い藩閥《はんばつ》を構築し、明治時代から大正時代の政界に影響力を保ち続け、大正十一（一九二二）年二月一日に八十三歳で死去。大往生であった。

ちなみに、令和四年九月二十七日に行われた安倍の国葬儀では、菅義偉が弔辞《ちょうじ》のなかで、議員会館の安倍の部屋に政治学者、岡義武《よしたけ》の著書『山県有朋：明治日本の象徴』（岩波文庫）が読みかけで置かれていたことに言及し、山縣が伊藤を偲《しの》んで詠《よ》んだ短歌「かたりあひて　尽しし人は　先だちぬ　今より後の　世をいかにせむ」を「私自身の思いをよく詠んだ一首」として述べた。

山口県出身の安倍は、山縣や伊藤ら同郷である明治維新の元勲たちに強い関心を持っていた。しかし、まさか安倍自身も、伊藤のように暗殺されようとは思いもしなかったはずだ。

国葬で追悼の辞を述べる岸田文雄総理

第7章

二万五千八百八十九人が献花台に

国葬儀

令和四（二〇二二）年九月二十七日、安倍晋三の国葬儀が日本武道館で執《と》り行われた。

この日の午後一時三十分、安倍昭恵は、安倍の遺骨とともに、渋谷区富ヶ谷の自宅を車で出発し、自衛隊の儀仗隊《ぎじょうたい》約二十人が敬礼しながら見送るなか、日本武道館へと向かった。

車は、午後一時四十六分ごろ、市ヶ谷の防衛省庁舎前の広場に到着した。集まった約八百人の自衛隊員らが敬礼して見送った。

武道館の会場には、雪化粧した日本の山々を生花で表現した式壇の上に、柔らかな笑みを湛《たた》えた安倍の遺影が設置され、式壇には安倍が着用していた議員バッジと拉致《らち》問題解決への思いを込めたブルーリボンバッジが置かれていた。

午後一時五十五分、昭恵と安倍の遺骨を乗せた車列は日本武道館に到着。陸上自衛隊が弔砲を撃った。約二十秒間隔で計十九発。武道館周辺には「ドドドン」との大きな音が響き渡った。

遺骨を抱えた昭恵は、正面玄関で、葬儀委員長を務める岸田文雄総理に迎えられた。しめやかな音楽が鳴り響くなかで、岸田を先頭にして、昭恵らが会場内に入ると、参列者たちは起立して迎えた。

遺骨が昭恵から岸田らの手を経て式壇に置かれたあと、皇族も会場に入場された。皇嗣《こうし》の秋篠宮さまと皇嗣妃《こうしひ》の紀子《きこ》さまを先頭に、秋篠宮ご夫妻の次女・佳子《かこ》さま、三笠宮《みかさのみや》家の信子さまと彬子《あきこ》さま、高円宮妃《たかまどのみや》久子《ひさこ》さまと長女・承子《つぐこ》さまが最前列に着席された。天皇皇后両陛下と上皇上皇后両陛下が派遣された四人の使者も会場に入った。

午後二時十五分、葬儀副委員長の松野博一官房長官が開会の辞を述べた。

「ただいまより、故安倍晋三国葬儀を執り行います」

続いて、君が代が演奏され、その後、約一分間の黙禱《もくとう》が捧げられた。黙禱ののちに、安倍の政治家としての歩みをまとめた映像が流された。会場に設置された大型モニターには「内閣総理大臣　安倍晋三　憲政史上最長の３１８８日」とのタイトルが浮かび上がった。

冒頭、「２０２０年の総理退任後　60年ぶりのピアノに挑戦　震災復興への強い思いを胸に自宅で練習を重ねた」との字幕とともに、東日本大震災の復興支援ソング「花は咲く」をピアノで弾《ひ》く安倍の姿が映し出された。

ピアノの音色《ねいろ》に合わせて、アベノミクスの宣言や、安倍が人気キャラクターのマリオに扮したリオデジャネイロ五輪の閉会式、国会での演説や記者会見、東日本大震災の被災地を訪問する姿、日本の総理大臣として初めてアメリカ議会上下両院合同会議で演説した様子、外遊の写真や映像が多く流れた。

約八分間の映像の最後は、冒頭の安倍のピアノ演奏の映像に戻り、安倍が笑顔で「もう一回行きます?」と語る姿で締め括《くく》られ、会場は大きな拍手に包まれた。

午後二時三十分、葬儀委員長を務める岸田文雄総理が追悼の辞を述べた。岸田に続いて、三権の長である細田博之衆議院議長、尾辻秀久《おつじひでひさ》参議院議長、戸倉三郎最高裁判所長官が、そして友人代表として菅義偉前総理が弔辞に臨んだ。

官邸で苦楽を共にした日々を振り返る菅の弔辞を聞き、昭恵は涙を浮かべた。目頭《めがしら》を押さえる参列者も多く見られ、会場からは自然と大きな拍手が起こった。葬儀では異例のことだった。

参列者の献花が長く続き、国葬が終わったのは予定より約一時間遅い午後六時十五分過ぎだった。

「花は咲く」が再び奏《かな》でられ、敬礼する自衛隊員らに見送られるなかで、遺骨は兄の寛信《ひろのぶ》に抱きかかえられながら、日本武道館を後にした。

祖父・岸信介に対する思い

かつて安倍は筆者に祖父・岸信介についてこう語ったことがある。

「私は、祖父・岸信介の背中を見て育ち、政治家になる決意をしました。祖父は、安保改定に政治生命をかけて、取り組みました。それは、〝政治家にしかできないことがある。それは国の骨格について、しっかりと考え抜くことだ〟という強い思いを持っていたからだと思います。

祖父は、日米安保条約の改定に尽力しましたが、それだけに力を注いでいたわけではありません。国民皆保険を確立し、最低賃金制・国民皆年金など最善の社会保障制度を整え、福祉国家の骨格を作ったのも岸政権です。また、高度経済成長がスタートしたのも、実は岸政権のときです。

しかし、祖父は、内閣総理大臣のポストの座にしがみつこうとは考えなかった。内心、少しでも長く総理として日本のために力を尽くしたいという思いはあったはずです。が、その思いよりも、いましかできないことを成し遂げる道を選んだのだと思います。

政治家には、その政治家にだけ与えられた使命があります。私自身も心に強く誓ってきました。政治家は、いま何をすべきか。そのことを、問わなければならない。選挙に有利か、不利か。世論の支持を受け入れるかどうか。必ずしもそんなことばかり考えるのではなく、それを超えて判断しなければならないものがあるのです。

その一方で、私は、祖父がかつて語っていたことを思い出すこともあります。

〝総理経験者がもう一回、総理をやることは、日本にとってもよいはずだ〟

その言葉には、実は祖父の本音が隠されていたと思います。どこかで、もう一回、総理を……という強い気持ちがあったのでしょう。

祖父は、山口県で町一番の秀才として名を馳《は》せ、東大でも同窓で親友だった我妻栄《わがつまさかえ》（東大教授、民法学者）とトップを争いました。

農商務省に入って以降も、〝私がこの役所を担《にな》っていくんだ〟との強い気概を持ち、四十五歳で次官になっています。エリート中のエリートであった祖父は、総理を退いたあとも、〝いつか、また、私の才能が必要なときがくる。私を必要とするときがやってくる〟と強く思っていたのだと思います。残念ながら、そのときは訪れませんでしたが……」

安倍洋子は、筆者にこう語っている。

「晋三は、政策は祖父の岸信介、性格は父親を受け継いでいますね」

さらに安倍は、長州人の強みについて語った。

「二〇一五年、『明治日本の産業革命遺産群』の一つとして、松下村塾《しょうかそんじゅく》の世界遺産登録が推薦されました。明治の産業は、まさに日本が極めて短期間に欧米列強の技術や知識を吸収し、類《たぐい》まれなスピードで産業化を成し遂げた証です。それが遺産群として認められました。私は、この事実が、これから国を発展させていこうというアフリカやアジアの国々にとって、参考になるものだと思っています。

松下村塾は、私の地元・山口県の萩市にあるため、〝無理やり押し込んだ〟など憶測をいう人もいるようですが、そんなことは決してありません。幕末・明治期の日本を主導した人材を多く輩出したという、教育の重要性が認められたのです。

我々長州出身者は、みんな吉田松陰《しょういん》先生の人格から影響を受けています。高杉晋作も人気はありますが、吉田松陰先生の場合は、まさに人に対して、至誠の人なのですね。孟子の言葉を本当に実践しているようなところがあります。なかなか我々凡人にはできませんが、実際、短い生涯をかけて、その姿勢を貫いたところがあります。

高杉晋作のイメージは、常に行動の人です。山口県では尊敬する人物は、やはり吉田松陰先生が一番になりますが、憧れる人物は高杉晋作です。

吉田松陰先生のような人生は、とても送れない。高杉晋作は、いわばヒーローのような存在ですよね。やりたいことをとことんやるタイプです。

父親の晋太郎、私の晋三の『晋』は、この高杉晋作の『晋』に由来しているわけですが、私自身のなかにも、長州人だなと思うところがあります。

それは、意地っ張りなところですね。長州人は、意地を張るのが好きなのです。傾いたとはいえ、巨大な幕府に立ち向かっていったわけですからね。

長州征伐に遭いながらも、外国の四カ国と戦争をしていました。藩ぐるみで無謀な戦いに挑戦していました。

吉田松陰の言葉の一つに〝諸君、狂いたまえ〟というものがありますが、まさに藩ぐるみで狂っていたところがありました。

どこかで意地を張れるのが、長州人の強みなのかもしれませんね。私は、政治の転換期において自分の血が騒ぐのは、長州人の気質なのかな、と思うことがあります」

国葬儀には二百十八の国・地域・国際機関から約七百人、国内外を合わせると四千百八十三人が参列した。

またこの日、武道館近くの九段坂《くだんざか》公園には一般向けの献花台が設けられ、献花に訪れた多くの人たちによって、長い行列ができ、列は献花台から二キロ以上、四ツ谷駅まで続いた。開始予定は午前十時だったが三十分ほど早められ、最終的に二万五千八百八十九人が献花に訪れた。

2015年5月1日、カリフォルニア州ロサンゼルスの全米日系人博物館で行われたレセプションに夫妻で出席

最終章

批判する人間にも直接話を聞く

政治家の妻はいいところの出の女性だったり、はたまた政略結婚だったりが少なくない。安心感がある一方で男としては退屈な面がある。そのため、刺激を求めて浮気をしたり、愛人を作ったりする政治家は枚挙《まいきょ》に遑《いとま》がない。田中角栄の愛人だった佐藤昭子《あきこ》がいい例だろう。そうやって〝バランス〟を保っているのだ。メディアも油断ならないし、コンプライアンスが高まっている昨今は愛人を作るような政治家も減り、ある意味で大変であろうと思う。

その点でいえば、安倍晋三という政治家は愛人を作ったり、浮気をしたりすることが全くなかった稀有《けう》な人物だった。それは安倍昭恵という妻が、安倍に安心感を与えると同時に刺激も与えるような存在だったからだ。

刺激の一例を言えば、安倍が一回目の総理大臣を辞任した後、昭恵が立教大学の大学院に入ったことだ。立教は左翼の強い大学で、教授も左翼系が少なくない。これまでは右寄りの安倍の言うことを聞いて、それが当たり前だったのに、立教で左翼教授の話を聞くことで、「この人たちの言っていることにも理がある」と知る。ここからがおもしろいのだが、昭恵はたとえば反原発派など安倍の政策に反対する人たちを、安倍に会わせて話を聞かせるようになる。

月刊『日本』などで書いている文芸評論家の山崎行太郎《こうたろう》は安倍批判をよく書いていたが、ある時、どう調べたのか昭恵から連絡があって驚いたという。

「ぜひもっと話を聞かせてほしい」と言われて二度ほど会った。安倍の敵であろうと、「批判をするのは何かしら意味や理由があってのことに違いない、それを聞こう」という考えなのである。この感性、そして実際に会う行動力は目を見張るものがある。山崎もそれには感激していた。

安倍は安倍で昭恵に紹介された人間ならば、避けずに話を聞く。そうすることで、安倍自身も様々な意見を耳にする機会を得られ、感性が細ることを防げる。

私が安倍昭恵という人物に注目したのも、こういったことをする政治家の妻はこれまでにいなかったからだ。

安倍は政治家として、首相として制約があり、会える人も行ける場も限られてくるから、昭恵はなるべく安倍が会えない人に会い、行かれないような所を実際に自分の足で回った。

ある年末にはSPもつけずに大阪のかつての釜ヶ崎、現在の西成《にしなり》地区の夜回りをしに行った。学校の先輩と一緒だったという。

「主人は、わたしにあんまり大暴れしてもらっても困ると思っているみたいですね。『よく考えて』とは言っています」

昭恵はそう言っていたが、この行動を、安倍は心配しながらも見守り、また新しい自分の糧《かて》にもしていたのだろう。

「UZU」で朗読会を行いたい

昭恵は安倍の最初の総理時代に、福岡にある「知心学舎」を見学したことがある。不登校やニートの人たちが合宿生活をしながら更正する施設で、ここでは道徳と政治を中心命題としている儒学思想の『大学』を読んでいた。

ただ声を出して読むだけなのだが、それだけで子供達が変わっていき、社会に戻っていったケースがいくつもあるという。言葉が体の中に沁《し》み込んでいき、子ども達は段々と変わっていくそうだ。ちなみに年齢に関係なく効果があり、昭恵もそれに参加し、大きい声で読むと、なんとなく背筋《せすじ》が伸びるような感じがした。

先生である安松鈴代が、ここことは別に四書五経《ししょごきょう》、論語を素読する「鈴蘭会」を設けており、昭恵に「協力してください」と言う。行動力の塊《かたまり》である昭恵は名誉会長という形で参加するようになった。

ここで思いついたのが、自身が経営する居酒屋「UZU」の二階スペースを利用することだった。近所の人や子どもたちに声をかけ、近所の小学校にビラを配らせてもらって……とアイデアもいろいろ出てきた。

「UZU」という店名は、あらゆる人が集《つど》って渦を巻く、という意味からだ。だから会員制にせず、誰でも気軽に入れるようにした。開かれた場所にするところは、まさに彼女の性格そのままである。

昭恵は震災後に福島県に定期的に行くようになった。ある時、会津若松市の市長と話していたら、長州《ちょうしゅう》の悪口を言われた。昭恵は「長州がどうとかっていうけど、もう、日本の国内でそんなこと言ってちゃ駄目ですよ」「ぜひ下関《しものせき》にお越しください」と言って、歴史の勉強会も行いたいと考えていた。

初めて昭恵から名刺をもらった時に驚いたのは、自分の直接の電話番号やメールアドレスが記載されていたことだ。彼女はそれを何千枚と人に渡してきた。電話やメールが殺到するだろうし、下手したら迷惑電話なんかもあったのでは、と聞いてみたら「大丈夫です。迷惑を被《こうむ》ったこともありませんよ」とケロッとしていた。普通の政治家の妻ならまずやらないだろう。

余談だが、この朗読から籠池泰典《かごいけやすのり》の森友学園の小学校へと繋がっていった。そこでは幼稚園児に教育勅語《ちょくご》を暗唱させていた。むろん論語に比べて教育勅語はイデオロギー的なものではあるのだが、「声に出して読む」という行為は同じだったから、昭恵は感激し、抵抗なく受け入れたのだろう。

第六章でも書いたが、「UZU」を始める際に、安倍は許可を出したが、二つの条件を出している。

一つは昭恵が酒飲みだったから、「経営者が飲むような店は、絶対つぶれる。店では飲まないこと」。もう一つは「赤字でなければ、そのまま続けていいけれど、一年経っても赤字が続いてるような状態であるなら、即、やめること」。

結果、UZUは平成二十四（二〇一二）年十月七日にオープンして以来、ずっと黒字で、安倍が亡くなった後の令和四（二〇二二）年十月三十一日に閉店した。

ミャンマーに学校校舎を建設

意外と知られていないのが、昭恵がミャンマーに学校を三校つくったことだ。

キッカケは曽野《その》綾子だった。聖心女子大学の先輩で、平成十六（二〇〇四）年に彼女が日本財団の会長としてアフリカの貧困の現場を見るツアーが組まれた際に、「自費で行くから連れて行ってくれ」と昭恵の方から頼みこんで同行した。

その時の体験から、「自分も海外の子供達のために何かできないか」と考えるようになった。アフリカは遠いので、まずは近い所からとアジアのどこかと考え、安倍に相談したら「ミャンマーがいいよ」と提案された。

ミャンマーは非常に親日的な国である。安倍晋太郎が外務大臣で、当時の総理・中曽根康弘とアジア各国を歴訪した際、安倍は外務大臣秘書官としてついていったことがあった。中曽根は途中で日本に戻り、ミャンマーだけは安倍親子で行ったのである。現地は大歓迎で、ミャンマーが日本と友好を深めて、未来のためにお互い努力していきましょうという姿勢を安倍も秘書官として間近で見て感動したという。

「アジアの中では非常に親日的だし、いい国だから、アジアに学校をつくりたいのなら、ミャンマーがいい」

安倍にそう言われて、昭恵は早速行動を開始。様々な人に会って協力を得て、ミャンマーのマンダレー市にある僧院が運営する四百人近い寺子屋《てらこや》が雨漏《あまも》りが激しく困っていると聞き、そこに小、中学校を三校、新しく建てた。平成十七（二〇〇七）年一月に開校式がおこなわれた。単に金を出すだけとか、参加する一員ではなく、自分が主役になって行動し、結果を出す……昭恵に行動力がある証拠だろう。

学校を作る際には、曽野綾子に「ポンとお金を渡しちゃ駄目です」とはっきり言われた。何に使われるのかわからないし、ポケットに入れてしまう人もいる。曽野はカトリックの信者だが性悪説《せいあくせつ》だから、根っからの性善説の昭恵に釘を刺したのだ。

無防備すぎる昭恵を心配したのだろう。

安倍寛から受け継いだ生活に根付いた感覚

安倍晋三という政治家は、確かに右翼的イデオロギーを持っていた。ある時、昭恵が安倍に「もしも総理大臣になったら何をやりたい」と訊いたら、「憲法改正」と即答したという。

実際に、第一次政権は憲法改正に必要な国民投票法を改正し、また自虐史観からの脱却を考えて、教育基本法も改正した。

しかし一方で社会保障を含めた経済もよく見ていた。つまり、生活に根付いた考えを持っているのだ。第二次政権では、右派的政策ばかりを前に出したことが失敗に繋がったと考え、第二次政権は生活に根付いた政策も進めなければと、経済政策を第一に進めていった。それがアベノミクスである。

安倍は決して非現実的な右翼政治家ではなかった。これは安倍晋太郎、ひいては晋太郎側の祖父・安倍寛《かん》から受け継いできたものだろう。安倍を語る際に母洋子側の祖父・岸信介ばかり注目されるが、それでは片手落ちである。

安倍晋太郎の父・寛は東京帝国大学を卒業するや、銀座に当時としては高級だった自転車の輸入販売会社を立ち上げた。

さらに政界にも進出。ふるさと山口県日置《へき》村の村長となり、村の青年のための農村塾を開塾、「今松陰《いましょういん》」と呼ばれる。

山口県会議員になり、昭和十二(一九三七)年に総選挙に出馬、当選した。

太平洋戦争中、三木武夫とともに「国政研究会」を創設し、東條英機《とうじょうひでき》総理大臣の戦争政策を批判。特高《とっこう》警察にもマークされた。昭和十八年には、東條内閣の退陣を求め、戦争反対、戦争終結の運動を起こしている。

敗戦後、ようやく安倍寛の時代が訪れたと思われた昭和二十一(一九四六)年一月三十日、カリエスを患《わずら》っていた寛は心臓麻痺《まひ》で急死した。五十一歳だった。

もし生きていれば、自民党ハト派の重鎮として活躍していたかもしれない。

安倍晋三は、身の危険を感じながらも、平和を願い、権力と命がけで戦った祖父寛の持つ反骨魂も秘めているのだ。

権力欲が全くない

政治家の妻としての昭恵の特徴は、全く権力欲がないことである。

本文にも書いたが、第一次政権で安倍が辞任を発表した後、総理公邸から自宅へ荷物を運んでいる時、車窓から見える街行く人たちがみんな幸せに映り、「私たち夫婦ほど惨《みじ》めな存在はない……」と思ったという。

しかしそう思いながらも、病気が悪化して病室にいた安倍にこう言った。

「もしこれ以上政治家を続けるのが苦しいようでしたら、お辞めになってもいいですよ。私は、政治家の妻であることに固執はしていませんから」

貧しい中から這《は》い上がってきて権力者と結婚した女性だったら、政治家の妻であること、権力者の妻であることに固執するだろう。それはそれでエネルギッシュで悪いことではないのだが、昭恵にはそれがない。育ちの良さからくるものだろう。

安倍も安倍で、優しさを持ったお坊《ぼっ》ちゃんという側面がある。言うなれば晋三・昭恵は、育ちのいいお坊ちゃま、お嬢様のカップルと言っていい。もし安倍が神戸製鋼に勤めたままだったら、温和な夫婦として、穏やかに一生を過ごせたかもしれない。

また、もしこの時、昭恵に言われて、安倍が政治家を辞めていたら、あのような悲劇的最期を遂げることはなかったかもしれない。

しかし、安倍はきっぱりと答えた。「俺は政治家を辞めない。まだまだやらなければいけないことが残っている」と。

しかしそれでも昭恵は、安倍がもう一度総裁選に出るとは思っていなかった。母の安倍洋子も体を心配して反対していたということもある。

私は安倍が二度目の総裁選に出馬する一カ月前くらいに、共通の知り合いの誕生パーティーで、久しぶりに昭恵に会った。挨拶で集っている人たちに向けて「昭恵さんは、いずれまたファーストレディーになります」と予言したが、昭恵自身は全くそんなことは考えてもいなかった。

ところが安倍が総裁選に出て勝ってしまった。これでは「ＵＺＵ」の経営どころではないだろうと、電話で「残念でしたね」と言ったら、「ううん。店はやります！」と言うのでびっくりした。

安倍としては、苦労をかけてきたから、好きなことをやらせてあげようという思いがあったのかもしれない。

あの時、森の言うことを聞いていたら……

二度目の総裁選の出馬表明前に、昭恵は明確に反対こそしなかったものの、「今回、やめたほうがいいんじゃないという意見もあるわよ」として、こう続けた。

「森（喜朗）先生も、今回の出馬はやめておけと言っていますよ……」

実際、森は安倍自身にも直接こう忠告していた。

「もし今回失敗すると、二度と総裁の芽はないぞ。待てば、必ず安倍待望論が起こる」

森は小泉の後も、安倍ではなく福田康夫に先にやらせようと考えていた。そしてその時も安倍ではなく派閥の長である町村を立てることが頭にあった。

森が言っていることは筋が通っていて、いわば正論だ。森は安倍を信頼していたし、安倍も森を信頼していたが、この時は森の要求をはねのけた。

父・晋太郎が竹下に機会を譲ったために、病に倒れて総理になれなかったことを間近で見ていたため、チャンスがあればそれを逃すまいと考えていた故《ゆえ》だろう。

昭恵に「やめた方がいいのでは」と言われて、安倍は敢然と言った。第六章でも引いたが、ここでも繰り返しておこう。

「いま日本は、国家として溶けつつある。尖閣諸島問題にしても、北方領土問題にしても、政治家としてこのまま黙って見過ごしておくわけにはいかない。俺は、出るよ。もし今回失敗しても、俺はまた次の総裁選に出馬するよ。また負ければ、また次に挑戦するよ。俺は、自分の名誉や体のことなんて構っていられない。国のために、俺は戦い続けるよ」

これほどの覚悟をもって挑もうとしていたのである。

これを聞いて、昭恵は「一緒に頑張ろう」と決意した。

もし森の言うことを聞いて、福田康夫の後に総理になっていたら、一年で辞めることにはならなかったかもしれない。しかしそうなったら歴代最長となる第二次政権はなかったかもしれない。第二次政権の時も、果たして待望論が生まれたかどうか。

安倍は自身の手で、チャンスをつかみ取ったのだ。

妻であり、愛人であり、看護婦だった

第一次政権も第二次政権も、安倍は潰瘍性《かいようせい》大腸炎が原因で辞任に至った。十代の頃に罹患《りかん》した病気で、一時期は病気を克服できたと思い総理に就任したが、激務もあって悪化してしまった。

平成十九（二〇〇七）年七月の参院選に負けて、八月のインド外遊でウイルス性腸炎にかかり、これで、病気が一気に悪化。下痢がひどくなり、一日に二十回から三十回もトイレに行かなければいけない状態になってしまった。これではとても総理大臣は務まらない……そう考えて辞任を決断した。

その後、認可されたアサコールという薬で劇的に回復し、持病をコントロールできていたものの、令和二（二〇二〇）年に再発し、やはり難しいと辞任……。

話で聞いているだけでは「大変だな」くらいだろうが、実際には地獄である。そして、患者である安倍に一番近くで真摯《しんし》にそのつど対応したのは、他ならぬ妻の昭恵だ。

つまり、昭恵はある意味で妻であり、時に刺激的であるが楽しませてくれる愛人であり、そのうえ病身を献身的に支える看護婦的な存在でもあったのだ。

昭恵が森友問題などで騒ぎになった際、「離婚した方がいい」などと軽々しく言う人はたくさんいたが、安倍にとって昭恵がどれだけ有難く、また申し訳なく思う存在であるかを考えてみなければならない。

難病の病人の世話は大変だったろう。普段はやさしい安倍でもイライラしてきつく当たる時があったかもしれない。しかしそんなことがあっても昭恵は安倍には「嫌なところがひとつもない」と言う。

「昔は『主人のどこがいいですか』と聞かれた時に、『どんな人にも同じ態度を取れる人だ』っていう言い方をしてたんです。三十五年間いっしょにいて『どこがいいですか』と聞かれると……嫌なところがないんですよ。だいたい人間、付き合ってると、この人のここが嫌だっていうところが見えてくる。そこは目をつぶろうとか。でも、そういうところが全くない。まあ、わたしの話をもっと聞いてくれないかなとか、多少はありましたけれど。絶対この人のここが嫌だからとか、嫌いになっちゃいそうっていう部分がない。ずっといっしょに生活しながら、これだけ嫌なところが見えない相手は、他にいないだろうなって思っています」

この二人の愛は、世間が思っているよりも、ずっとずっと深いものではないだろうか。

あとがき

わたしが、安倍さんから直接に妻・昭恵さんについて聞いたのは、菅義偉政権が誕生した直後のインタビューであった。

その総裁選で安倍さんは、表立って活動したわけではないが、最終的に菅さんを推した。

「任期途中での辞任というかたちになりましたので、菅さんには安心して任せられるという気持ちがありました」

その話をしている時に、昭恵さんの名前が出た。

彼女は、菅さんのことを高く評価していたという。

「昭恵に『あなたのため、あんなに一所懸命に仕事をしていたんだから、あなたはもっと菅さんに感謝しなければダメよ』と言われました。その一言も私の背を押しました」

森友問題が火を吹き、もしかして昭恵さんと仲がぎくしゃくしているのでは、との声すらあるなかでの答えである。

どれだけ昭恵さんが攻撃されようとも、安倍さんは昭恵さんをかばい、さらに政治的決断においても意見を聞くほどに深く愛していたのだ。

あらためて、二人の三十五年にわたる他人には覗《のぞ》くことが出来ない愛の深さを感じた……。

この本をまとめるにあたり、『週刊文春』以来の盟友、月刊『Hanada』の花田紀凱編集長、編集部の川島龍太氏にお世話になりました。

また、日頃から、私の無茶な注文を快く引き受け、取材を助けてくれているわがスタッフ一同に心より感謝します。

令和五（二〇二三）年四月十九日　大下英治

この作品は、亡くなられた安倍晋三元総理をはじめ、以下の方々に取材でお世話になりました。

安倍晋太郎、安倍洋子、安倍昭恵、安倍寛信、岸信夫、西村正雄、牛尾治朗、久保ウメ、飯塚洋、奥田斉、配川博之ら安倍家とその関係者の方々、また、秋保浩次、荒井広幸、有本明弘、有本嘉代子、飯島勲、石原伸晃、今井尚哉、衛藤晟一、亀井静香、小泉純一郎、菅義偉、世耕弘成、高市早苗、谷井洋二郎、丹呉泰健、中川昭一、中川秀直、二階俊博、西岡力、萩生田光一、平沢勝栄、三塚博、森喜朗、山口敏夫、山本一太ら、安倍元総理と縁のあった方々。

改めて、感謝いたします。

大下　英治（おおした・えいじ）

1944年、広島県生まれ。1968年、広島大学文学部卒。『週刊文春』記者を経て、作家として政界財界から芸能、犯罪まで幅広いジャンルで活動。著書に『十三人のユダ　三越・男たちの野望と崩壊』（新潮文庫）、『実録 田中角栄と鉄の軍団』シリーズ（講談社+α文庫）、『昭和 闇の支配者』シリーズ（だいわ文庫）など500冊以上にのぼる。近著に『最後の無頼派作家　梶山季之』（さくら舎）、『安倍官邸　『権力』の正体』（KADOKAWA）などがある。

安倍晋三・昭恵　35年の春夏秋冬

2023年5月27日　第1刷発行

著　　者　大下英治
発 行 者　花田紀凱
発 行 所　株式会社　飛鳥新社
〒101-0003　東京都千代田区一ツ橋2-4-3　光文恒産ビル
電話　03-3263-7770（営業）　03-3263-5726（編集）
http://www.asukashinsha.co.jp
装　　幀　DOT・STUDIO
印刷・製本　中央精版印刷株式会社

ISBN 978-4-86410-954-3

編集協力　仙波晃
編集担当　川島龍太、月刊 Hanada 編集部